KB122176

세 계 를 읽 다

태국

로버트 쿠퍼 지음
정해영 옮김

가지
KINDS
BOOK

한국에 본격적인 세계여행 안내서가 만들어진 것은 1980년대 후반, 해외여행 자유화 조치 바람을 타고 일본 책을 번역 출간한 〈세계를 간다〉(당시 중앙일보사 펴냄) 시리즈가 원조 격이었다. 그 후로 30여 년이 지난 지금, 매우 다양한 세계여행 안내서가 출간되고 있지만 더 세련되고 세분화된 정보서로 거듭났을 뿐 유명 여행지 중심의 관광 정보가 주를 이룬다는 점에서 큰 차별은 없다.

그에 반해 이 시리즈 〈세계를 읽다〉는 장소보다는 사람 그리고 그들의 삶에 초점을 맞춘 본격적인 세계문화 안내서로서, 이방인의 눈에 낯설게 느껴질 수밖에 없는 현지인의 생활문화, 관습과 예법들을 역사적 배경지식과 함께 쉽고 친절하게 알려준다. 첫 출간 후 40년 가까이 된 지금까지도 꾸준히 업데이트되며 세계적인 명성과 권위를 누리고 있는 〈컬처쇼크 CultureShock〉 시리즈를 번역한 책이라는 점에서 콘텐츠에 대한 신뢰성도 높다.

컬처쇼크, 즉 '문화충격'이란 익숙한 장소를 떠나 낯선 환경에 던져진 사람이라면 누구나 겪을 수 있는 문화적 혼돈 상태를 말한다. 이 시리즈는 해외에 거주하거나 일정 기간 머무는 사람들이 새로운 환경에서 겪을 수 있는 문화충격을 완화하는 데 도움을 주어왔다. 실제로 그 나라에서 살아보며 문화적으로 적응하는 기쁨과 위험을 몸소 체험한 저자들이 그런 혼란스러운 감정에 좀 더 효과적으로 대처하기 위한 모든 정보를 알려준다. 글은 읽기 쉬운 문체로 쓰였으며, 독자들을 충분한 조언과 암시, 정보로 무장시켜 낯선 곳에서 최대한 정상적이고 즐거운 생활을 영위할 수 있도록 돕는다. 책 안에는 현지 문화와 전통에 관한 통찰력 있는 해설, 적응에 필요한 모든 조언들, 현지인들과 소통할 수 있는 언어 정보, 여행 경험을 더욱 깊숙하게 연마해줄 방법이 포함되어 있다.

목차

방콕 시내를 가로지르는 짜오프라야 강. 수상버스가 수시로 오간다.

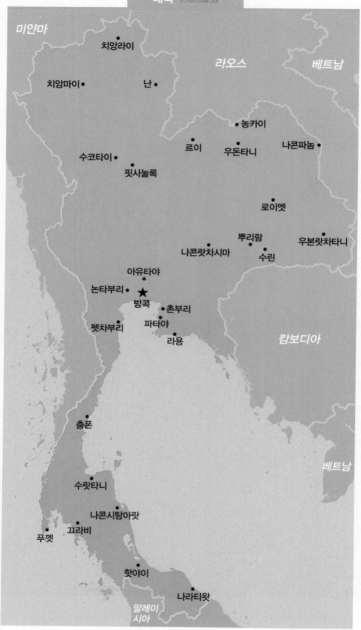

1
첫인상

발은 무언가를 가리키기에 적절한 부속지가 아니다.
– 외국인들에 대한 태국 관료의 조언

'발은 무언가를 가리키기에 적절한 부속지(동물의 몸통에 가지처럼 붙어있는 부분)가 아니다.' 나는 1982년 이 책의 초판에 이 금언을 인용했다. 태국을 방문하는 외국인에게 어떻게 행동해야 하는지 조언하는 말이었다. 여러 차례 개정판을 펴낸 후에도, 그렇다면 무언가를 가리키기에 적절한 부속지는 과연 무엇인지 알지 못한다. 그러나 적어도 그 말에 반박할 입장이 아니라는 것은 안다. 그 말이 옳다. 아이러니하게도 내가 태국에서 살기 시작한 1973년 이래로 내가 발로 가리킨 유일한 사람들은 태국인들뿐이지만 그들은 모두 나와 함께 무에타이를 수련하는 태국인들이었다.

부속지를 잘 단속하라. 그러나 태국 문화의 핵심 요소는 관용이라는 사실도 기억하라.

물론 관용에는 한계가 있고 그 한계는 상황마다(그리고 공무원마다) 달라지지만 대부분의 태국인은 새로운 문화권에 와서 어떻게 행동해야 할지 모르는 외국인에 대해 대체로 관용적이다. 따지고 보면 외국인은 이곳에서 부속지 같은 존재일 뿐이며 어차피 태국인이 될 수 없다. 하지만 당신이 적절한 부속지가 되기를 원한다면 이 책이 어느 정도 길잡이가 되어줄 것이다.

세계화는 우리를 훨씬 더 가깝게 만들었다. 이제 남녀노소를 불문하고 외국인과 태국인이 맥도날드에서 빅맥과 코카콜라를 사기 위해 비교적 질서 있게 줄을 서서 비슷한 행동을 한다. 맥도날드가 없는 나라를 상상할 수 있는가? 방콕에서 최초의 맥도날드 햄버거 포장지가 벗겨진 1985년 이전의 태국이 그런 나라였다. 지금은 전국에 약 400개 매장이 있다.

맥도날드가 포문을 연 뒤 테스코 슈퍼마켓이 1988년 첫 개장해 전국에 1400여 곳의 매장을 두고 있다. 거의 모든 테스코 매장에서 전통적인 태국식 푸드코트와 전통적이지 않은 태국의 피자 브랜드, 켄터키프라이드치킨(KFC)을 찾을 수 있다. 이곳에서는 태국 음식과 외국 패스트푸드 모두 인기가 좋다. 태국적인 것과 외래적인 것이 공존하니 외국인들이 마치 본국에 있는 것 같은 편안함을 느끼지 못할 이유가 없다.

지금과 그때

이 책은 태국에 대한 통계적 묘사를 중요하게 다루지는 않지만, 1982년과 2018년 간의 사뭇 다른 상황을 시사하는 다양한 수치와 추세를 그냥 넘어가긴 어렵다. 그때는 사람들이 아이스크림을 거의 먹지 않았지만 지금은 아이들이 스웬슨스 아이스크림에 수시로 드나들고 있으며, 이것이 2018년 태국인의 비만률이 10%에 이른 것과 관련 있어 보인다(태국은 2010년 무렵부터 비만이 영양실조를 앞질렀다). 태국인의 라이프스타일과 문화의 큰 변화가 모두 서양 패스트푸드들 때문은 아니지만 가장 눈에 띄는 징후인 것만은 사실이다. 이와 똑같이 중요한 변화들도 있다.

- 1980년에는 태국 인구의 75%가 농촌에서 일했는데 오늘날에는 노동력의 60%가 비농업 부문에서 일한다(그러나 여전히 인구의 40%가 GDP의 8%를 차지하는 농업에 종사하고 있다).

- 1980년에는 평균 연령이 20세 미만이었는데 지금은 38세다.

- 1980년에는 평균적인 13세 여성이 평생 세 명의 자녀를 둘 것으로 예상되었지만 2018년에는 1.3명의 자녀를 둘 것으로 예상된다. 현재 태국의 출생률은 인구보충출생률(현재의 인구를 유지하기 위해 필요한 여성 한 명당 출생자 수)보다 30% 낮은 수준이다.

- 출생률은 감소하는 반면 인구는 증가해 현재 6900만 명에 이른다. 어떻게 그럴 수 있을까? 사람들이 전보다 오래 살기 때문이다. 현재 태국인의 기대수명은 75세이며 인구 노령화와 관련된 문제들이 예측되고 있다.

- 교육 수준이 높아졌다. 1980년에는 평균 학교생활이 9년이었는데 지금은 16년으로 프랑스와 같은 수준이다.

- 1980년에는 13세 이상의 스마트폰 사용 인구가 0명이었는데 지금은 성인 두 명 당 한 명꼴이다.

요약하자면 오늘날 태국은 1982년의 태국이 아니다. 그렇다면 지금의 태국과 태국 문화는 무엇인가? 그것이 바로 이 책이 다루려는 바이다.

관용의 한계

태국 문화에 완전히 동화되지는 않더라도 태국인들과 편하게 지내면서 그들도 당신을 편하게 대할 수 있을 정도를 목표로 삼고 있다면 40년 전보다 목적을 이루기가 쉬워졌을지 모른다(또는 더 어려워졌을지도!?). 쉽다고 보는 이유는 문화 격차가 이전보다 좁혀 첫날부터 큰 고통 없이 '지나갈 수' 있기 때문이고, 더 어려워진 이유는 지금은 적어도 두 가지 이상의 태국 문화가 공존하고 있으며 여기에 더해 어떤 면에서는 익숙하고 또 어떤 면에서는 낯선 제3의 퓨전 문화(당신도 이미 가담하고 있는)까지 가세했기 때문이다.

외적인 모습과 행동양식의 융합, 그리고 영어 능력 향상과 동서양 관광객 증가로 이제 태국에서 외국인은 전처럼 눈에 띄는 존재가 아니다. 패션의 기준이 변했기 때문에 얼마든지 미니스커트를 입고 거리를 활보할 수 있다. 설령 당신이 남자라 해도 미니스커트를 입을 수 있는데, 그것은 이들 문화가 변함없이 전통적인 관용을 유지하는 덕분이다(그 차림으로 왕실 사원에 들어가지만 말라).

이방인들은 이 관용의 한계에 민감할 필요가 있다. 오늘날은 신체 어딘가에 문신을 하지 않은 젊은 태국 여성을 찾기 힘들 정도지만, 그들도 식당에서 서빙을 할 때는 눈에 띄는 문신을 스티커로 가린다. 그녀가 문신을 한 것은 새로운 문화이고, 스티커로 가리는 것은 나이든 고객의 문화다.

기성세대

'문화 충돌'을 단순히 나이 문제로 생각하지 말라. 태국에서 가장 유명한 당대의 예술가인 찰름차이 코싯피팟과 타완 두차니는 모두 전통적이고 보수적인 스타일로 경력을 시작해 60대가 되어서야 오늘날 태국에서 가장 기묘한 관광지인 화이트 템플과 블랙템플을 각각 건축했다. 무용가인 피쳇 클륜춘 역시 흥미진진한 무용단을 결성하고 전통무용 '콘'을 현대적으로 재해석하기 전까지는 그저 보수적인 태국 예술가에 지나지 않았다. 파나판 요드마니 역시 축소판 태국 사원과 불탑을 덮고 있는 건물 잔해 더미를 설치해 2016년 싱가포르 비엔날레에서 베네스 상을 수상하기 전까지는 전통적인 사원 미술 복원 전문가에 불과했다. 문제적 예술작품의 궁극을 쫓고자 하는 사람들이 전통적인 것보다는 현대 태국에 관심을 가질 수 있겠지만 이곳에서 그들이 만날 예술가는 결국 태국 전통문화에서 탄생한, 말하자면 전통을 대체하는 것이 아닌 전통을 토대로 일어선 예술가들일 것이다.

태국의 기성세대는 대중매체에 많이 등장하지는 않지만 여전히 건재하며, 이곳에서 진정 영향력 있고 '지배적'인 문화는 바로 그들의 문화다. 수명 연장과 출산율 저하로 이전보다 노인 인구가 많아졌다. 상황이 크게 변했지만 그런 변화도 뭔가를 대체함으로써가 아니라 뭔가를 더함으로써 만들어졌다. 현대성이 마치 장막처럼 전통을 덮고 있지만 그것은 한편, 토대를 보호하는 보호막이기도 하다.

좋았던 옛날?

내가 학생으로 처음 태국에 온 것은 1973년이었다. 아주 특별한 해였다. 나는 어서 거리로 뛰쳐나가 군사정권에 반대하는 시위를 보고 싶어 안달이 날 지경이었다. 민주기념광장에서 열린 대규모 집회에 나갔을 때, 나는 군사정권이 그렇게 나쁘지만은 않은 것 같다고 생각했다. 군대는 시위대를 막지 않았고 시위하는 청년들이 국왕의 사진과 국기를 들고 있었기 때문이다. 게다가 청결한 민주주의를 유지하기 위해 광장에 이동식 화장실까지 설치되었다.

머리 위에서 군대 헬리콥터가 맴돌고 있을 때, 나는 그저 그들이 상황을 예의주시하는 중이거나 TV 뉴스에 내보낼 영상을 촬영하고 있다고 생각했고, 심지어 조종사에게 손까지 흔들었다. 그러나 헬리콥터의 기관총에서 비무장 시위대를 향해 총알이 난사되기 시작했을 때, 생각은 순식간에 바뀌었다. 시위대와 함께 정신없이 달리다가 경찰서 맞은편 거리에 이르게 되었다. 그 순간, 나는 경찰서 앞에 쌓아둔 모래주머니와 그 뒤에 서 있는 무장 경찰 또는 군인들(당시 나는 그 둘을 구분하지 못했다)이 방콕에 있는 영국인 학생을 보호하기 위해 거기 있는 것이 아니란 생각이 들었다.

경찰이 발포하자 나는 다시 수천 명의 다른 사람들과 포석 위를 달렸다. 이런 일이 현실에서 일어나고 있다는 사실이 믿기지 않았다. 방금 전에 영국에 계신 부모님께 걱정하지 말라며 태국이 얼마나 평화롭고 즐거운지 나라인지를 설명하는 편지를 보냈는데 이게 다 무슨 일이란 말인가! 그때 시위대 중 일부가 주차된 자동차 뒤에서 총을 쏘며 반격했다. 폭발음과도 같은 거대한 총성과 함께 두 전투 진영을 가르고 있는 넓은 도로에 연기와 가스가 자욱해졌다. 영원히 총격이 끝나지 않을 것만 같았다. 그리고 갑자기 총성이 멎었다. 나는 고개를 들었다. 픽업트럭 한 대가 두 진영 사이에 있는 텅 빈 거리를 따라 아주 천천히 내려왔다. 트럭 뒤쪽에는 짙은 황색 법의를 입은 한 무리의 승려들이 서 있었다. 그냥 거기 서 있었다. 맙소사, 진정한 문화충격이었다!

문화충격의 측면에서 그것은 내게 첫 경험이었다. 나는 상황이 어떻게 돌아가는지 몰랐다. 태국 말도 할 줄 몰랐고 시간을 내서 그 문제에 대해 설명해주는 사람도 주변에 없었다. 다음날 영자신문 〈방콕 포스트〉를 읽어보니 국왕이 자문단의 의견을 받아 군사정권을 설득해서 미국으로 도피시켰다고 했다. 평화가 돌아왔다. 3주 동안 방콕 거리에는 경찰이 없었다. 보이스카우트가 교통 정리를 하고 승려들이 불타버린 차들 사이에서 탁발을 계속했다. 민주주의가 돌아왔고 그렇게 3개월이 흘렀다. 그리고는 군부가 다시 집권해 우리와 함께 탐마삿대학교 교문을 탈출한 학생들을 교수형에 처했다. 모든 것이 원점으로 돌아갔다. 그때 나는 이 책의 초판을 써야겠다고 생각했다.

1982년 초판에서는 인구의 75%가 농촌에서 벼농사를 지으며 사는 자급자족 경제에 대해 묘사했다. 쌀이 풍부했지만 인구의 30%가 영양실조를 앓았다. 방콕의 항구 지역에 빈민가가 형성되었고, 도처에서 대궐 같은 부잣집들 사이의 빈틈을 판잣집들이 메웠다. 남자들은 일자리를 찾기 위해 사우디아라비아로 갔고, 여자들이 농장을 관리했으며, 알려지지 않는 숫자의 여성들이 성매매와 관련된 일을 했다. 그 와중에 베트남, 캄보디아, 라오스에서 수천 명의 난민이 이런 태국으로 들어왔다.

좋았던 옛날이라니! 다행히도 상황이 많이 바뀌었다.

돌고 도는 경제와 정치 상황

1980년대를 통과하며 경제가 급성장했다. 1987년에 경제위기가 있었지만 통화 재조정으로 극복했다. 1990년대에는 잘 교육받은 신세대가 성장해 광범위한 도시 일자리로 이동했다. 태국은 아시아의 성장하는 경제국들 가운데 새로운 호랑이로 떠올랐다.

그때부터 태국인들은 콘도 열풍에 휩싸였다. 여전히 소를 이끌고 밭을 갈고 아침마다 땅의 신에게 제사를 지내는 부모를 둔 평범하고 지각 있는 젊은이들이 높은 금리로 돈을 빌려 방콕에 있는 콘도에 투자했다. 콘도 가격은 1년 만에 두 배로 뛰었다. 모두들 팔기 위해 샀고 사기 위해 빌렸다. 그러다가 1997년 거품이 터졌다. 다행히 아시아 경제위기는 태국과 가까운 이웃국가들로 국한되었다. 태국인들은 훌훌 털고 일어나서 2000년 무렵에 다시 호황을 누렸다. 경제에 대한 인식도 좀 더 현명해져 진짜 돈은 콘도 투기가 아닌 근면한 노동에서 나온다는 사실을 깨닫게 되었다.

그러다가 2008~09년 미국과 유럽에 대공황이 발생했다('그게 다 파랑(farang. 태국에서 서양인을 지칭하는 말)들 탓이야!'). 수출 주도형인 태국 경제는 치명적인 수준까지는 아니지만 상당한 영향을 받았고 다시 한 번 순환이 막혔다. 앞으로 젊은 세대가 똑같은 순환을 겪지 않기를 바라지만, 아마도 겪게 될 것이다.

태국은 이제 훌륭한 기반시설과 높은 교육 수준, 안정적인 경제성장률(3~4%)을 유지하고 있으며 '아세안ASEAN', 즉 동남아국가연합의 주요 회원국이다. 라오스, 캄보디아, 버마(현 미얀마) 같은 국가들과 국경 분쟁이 간헐적으로 발생하기는 하지만 평화와 교역, 대화가 모두에게 좋다는 것을 인정하는 분위기다. 오늘날의 젊은 대학 졸업자들은 고생을 모른다. 가족의 규모는 훨씬 작아졌다. 부와 번영을 위해 대가족이 필요했던 시절은 갔다. 거의 모든 가구가 전기와 깨끗한 물, 텔레비전, 냉장고, 현대식 위생시설, 교통, 그리고 2006년부터는 복지국가 스타일의 보건 서비스까지 누리고 있다. 이제는 이 모든 것이 당연하게 느껴진다.

2004년 재앙적인 쓰나미가 관광섬 푸껫을 덮쳤지만 태국은 이를 2년 만에 정상으로 복구했다. 더 큰 충격은 2006년 9월 방콕으로 탱크를 몰고 들어와서 국민이 뽑은 총리를 축출한 군부 쓰나미였다. 총성은 없었다. 적어도 처음에는 그랬다. 탱크에 탄 군인들은 지극히 태국적인 방식으로 무장해제되었다. 시민들이 군인들에게 다가가 꽃을 건네고 아기를 안아보도록 권했다. 총구에 꽃이 꽂힌 총을 든 군인들의 사진이 전 세계 매스컴을 탔고, 방콕의 젊은이들은 커피숍에서 나와 탱크들 사이에서 사진을 찍었다. 한동안 국내외 모두에서 혼란스러운 반응을 보였다.

군부는 각계각층의 압력을 받아 적당한 인물을 총리로 내세웠지만 그는 국민들에게 선출되지 못했다. 이후 정치적 양극화가 뒤따라 셔츠들 간의 '색깔 전쟁'으로 이어졌다. 2008년 '노란 셔츠'의 우파는 당시 쿠데타로 실각했으나 합법적 총리였던 탁신을 태국에서 확실히 몰아내기 위해(그는 실제로 떠났다) 국제공항과 정부청사를 점거함으로써 한동안 관광산업을 침체시키고 나라를 다시 불황에 빠뜨렸다. 탁신을 지지하는 '붉은 셔츠'의 좌파는 2009~10년 가두시위를 벌이며 선거를 새로 치를 것을 요구했지만 군부의 개입으로 좌절되고 그와중에 100여 명이 사망했다. 1973년 민중혁명 과정에서 발생한 사망자와 같은 숫자였다. 마침내 선거가 열렸고 탁신 전 총리의 여동생 잉락 친나왓이 태국 최초의 여성 총리로 선출되었다(실각한 오빠를 대신해 선출된 것이 분명했다). 그녀는 2011년 8월 엄청난 표 차이로 낙승했다.

얼마 지나지 않아 잉락은 30년 만의 수해에 직면한다. 수해 복구 비용이 엄청났고 일각에서는 잉락을 탓했다. 그러나 그 무렵 태국은 서양과 연결된 경제적 탯줄을 끊고 견실한 국가 경제를 구축했다. 숙련된 노동력과 좋은 시설, 저렴한 비용, 사업 용이성으로 동서양에서 외국인 투자를 유치할 수 있었다.

태국은 최근까지도 군부 쿠데타로 정권이 교체되기를 반복해왔다.

국토와 국민들의 아름다움으로 인해 다른 어떤 나라보다 많은 서양 관광객과 은퇴자가 태국으로 몰려들었다. 2014년, 잉락은 헌법재판소에 의해 파면된 세 번째 총리가 되었다(태국의 현 총리 쁘라윳 짠오차가 이끈 군부 쿠데타의 성공에 따른 결과다). 그녀는 해외로 도피했다. 이후, 대왕이라고 불리며 대중의 사랑과 존경을 한 몸에 받았던 국왕 푸미폰 아둔야뎃이 2016년 10월 88세의 일기로 세상을 떠났고 나라는 1년 간 국상을 치렀다.

그렇다. 태국과 태국인들은 이 책의 초판이 출판된 이래로 믿을 수 없을 만큼 변하고 또 변했다. 그러나 이 모든 변화가 요요처럼 느껴지는 건 어쩔 수 없다. 상황이 계속 돌고 돌아 원위치로 돌아가는 것만 같다.

인간 이식

현대세계의 역설 중 하나는 우리가 고향을 떠나 지구의 반대편으로 날아가서 다른 시간, 다른 기후, 다른 문화 속에서 평소처럼 기능하며 살아갈 수 있다는 점이다. 육묘장 모판의 보호된 환경을 떠나 넓고 낯선 논에 이식된 볏모처럼, 우리 인간은 새로운 환경에 적응해 번성해야 하며 그렇지 않으면 시들어 소멸한다. 이런 입장에 처한 사람들 대부분이 아직 죽지 않고 계속 살아가고 있다는 것이 인류의 가치를 증명한다. 실제로 그중 상당수는 새로운 상황을 즐기고 있다.

그럼에도 모든 사람이 어느 정도는 문화충격이라는 방향 감각의 상실을 겪는다. 갑자기 그동안 배워왔던 모든 것이 가치 없게 느껴진다. 당신은 모든 것을 의미하거나 아무것도 의미하지 않을 수 있는 구불구불한 글씨에 포위된 문맹자가 된다. 전화를 걸고 버스를 타고 편지를 붙이고 장을 보는 일상의 일들이 모두 탐험이 된다. 언제 악수를 해야 하는지, 언제 어떻게 태국식 합장인사 '와이'를 하고, 팁을 주고, 낯선 이에게 말을 걸고 초대하고 초대를 거절해야 하는지 모른다. 사람들을 처음 만났을 때 무슨 말을 해야 할지도 잘 모른다. 그들이 설령 당신 나라의 말을 이해한다 해도 마찬가지다. 태국인들이 농담을 해도 알아듣지 못한다. 당신의 눈을 보며 미소 짓는 사람이 당신에게 호감을 느껴서 그러는지 아닌지도 알 수 없다. 당신은 다시 어린아이가 된 기분이 들 테지만 주변엔 돌봐줄 엄마가 없다.

자신이 온전히 기능하며 안정감을 느끼던 세계를 떠나 다른 문화로 떨어진 인간은 몇 가지 이상한 첫인상을 갖게 마련이다. 어떤 이들은 울상을 지을 것이고, 어떤 이들은 멍한 얼굴로 싱글거리며 돌아다닐 것이다. 어떤 이들은 태국을 좋아할 것이고, 어떤 이들은 싫어할 것이며, 많은 사람이 애증을 느낄 것이다. 무심함을 유지하는 소수의 사람도 있을 것이다. 이런 상반된 느낌들이 모두 문화충격이다.

　그러나 어쨌든 그것은 첫인상일 뿐이며 시간이 지나면 두 번째, 세 번째 인상과 함께 모든 것을 잘 이해하게 된다. 먼저 겪은 사람으로써 내가 자신 있게 말해줄 수 있는 한 가지는, 태국은 결코 지루한 나라가 아니라는 것이다. 너무 덤비지 마라. 처음에는 느긋하고 침착하게 대처하라. 당신의 첫인상을 지나치게 신뢰하지 말되, 가능하면 첫인상을 있는 그대로 즐겨라. 첫인상은 본질적으로 즉흥적이고 상당 부분 피상적이다. 첫인상은 온전히 당신만의 것이고 다시는 갖지 못할 그 시절의 느낌이다.

　태국인들은 기본적으로 친절한 사람들이며, 당신이 행복감을 느낄 때 미소를 짓거나 킬킬대거나 웃는 것을 개의치 않을 것이다. 하지만 당신이 운다고 누가 같이 울어주지는 않는다.

2

태국이라는 나라

자유롭고 좋은 이 나라.
강에는 물고기가 있고, 논에는 벼가 있네.
– 태국 포크송에서 자주 인용되는 노랫말

지리

태국의 면적은 51만 7000제곱킬로미터로 프랑스 정도 크기다. 오래 전 아유타야와 시암으로 나뉘었던 시절에 태국은 지금보다 훨씬 작다가 나중에는 훨씬 더 컸다. 그리고 시암이던 어느 시점에 태국은 버마, 라오스, 북쪽의 란나 왕국(현 치앙마이)에 거의 삼켜졌고, 또 다른 때는 라오스의 세 왕국을 속국으로 거느리며 캄보디아의 상당 부분을 통치했다. 뒷페이지의 지도는 지난 1세기 반에 걸친 '상실'을 보여준다. 제2차 세계대전 동안 있었던 일시적인 확장까지 보여주지는 못하지만, 태국이 동남아시아 국가들 중에 서양 열강의 식민지가 된 적이 한 번도 없고 세월이 흐르면서 스스로 변화해온 독립체임을 이해할 수 있을 것이다.

약간의 상상력을 동원해서 보면, 오늘날 태국의 지도는 코끼리 머리를 닮았다. 방콕은 언제나 굶주린 입이며, 미얀마의 호리호리한 다리와 태국만 사이로 코끼리의 코가 말레이시아와의 국경까지 뻗어 내려간다. 북에서 남까지 거리는 1860킬로미터다. 북쪽과 동쪽으로는 라오스와 캄보디아, 서쪽으로는 미얀마, 남쪽으로는 말레이시아와 국경을 면하고 있다. 주요 강들은 북부 산악지대에서 '태국 중부'에 해당하는 방콕 주변의 비옥한 평야지대로 흐른다.

쌀을 생산하는 중부 평야지대를 제외하면 태국은 지리적으로 크게 세 개의 문화권으로 나뉜다. 라오 말을 쓰는 북동부는

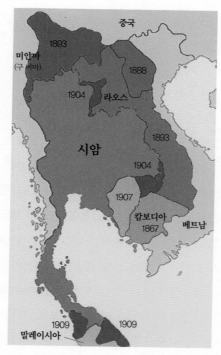

1867~1909 기간 동안 시암의 영토 상실 과정을 보여주는 지도.
한때 라오스와 캄보디아, 구 버마 지역을 두루 포함했다.

주로 강수에 의존해 벼농사를 짓고 주기적으로 홍수와 가뭄에
시달린다. 아마도 태국에서 가장 가난한 지역일 것이다. 역사
적 중심지이자 태국 제2의 도시로 여겨지는 치앙마이가 있는
북부는 주로 산에 둘러싸여 있다. 그리고 우림지대가 점점 축
소되고 있는 남부는 무척 긴 해안선을 따라 관광업과 어업이
발달했다. 남부 국경 지역에 사는 사람들은 여전히 말레이 말
을 사용하며 이슬람 종교 의식을 행한다.

기후

태국에는 두 계절이 있다. 건기와 우기다. 건기는 11월부터 5월, 우기는 6월부터 10월까지다. 중부와 남부는 1년 내내 후텁지근하고, 남쪽으로 내려갈수록 건기에도 비가 내릴 확률이 높다. 북부와 북동부는 12월에서 2월까지 이따금 시원한 날씨를 즐길 수 있으며, 1년 중 가장 더운 때는 우기 직전이다.

남부 지방에서는 몬순계절풍 때문에 건기에도 폭우가 쏟아질 수 있다. 북동부는 때로 몬순계절풍이 늦게 오거나 아예 안 오기도 해서 상대적으로 토양 상태가 열악해 농업 지역에 상당한 경제적 문제를 초래하곤 한다(방콕 거주자들 중에 북동부 출신이 많은 이유다). 그리 멀지 않은 과거까지도, 특히 방콕을 비롯한 몇몇 지역은 10월이면 북쪽으로부터의 강 흐름이 최대치에 이르고 바다 조류도 최고치에 올라 매년 홍수를 겪었다. 개선된 배수 시스템 덕분에 지금은 거의 해결된 듯 보이지만, 매년 어디선가 모두에게 과거를 일깨우는 홍수가 발생하곤 한다.

생태

불과 60년 전까지만 해도 태국은 국토 대부분이 숲으로 덮여 있었고 사람들은 자원이 스스로 재생될 것이라 생각하며 화전농업을 했다. 그러나 개발도상국에서 벗어나려는 초기의 시도들이 숲과 그곳에 사는 동식물에게 큰 타격을 주었다. 벌목과 무제한적인 등나무 채취로 가구산업이 번성하고 유명해졌지만 이제는 더 가난한 이웃국가로부터 원료를 수입해 쓰는 실정이다.

1988년에 대규모 재앙이 남부 수랏타니 지방에서 발생했다. 벌목한 목재 수백 톤이 휩쓸려가며 마을과 사람들을 덮쳤다. 이 재앙은 환경주의자들에게 힘을 실어주었고 1989년 태국에서 일체의 벌목이 금지되었다. 정부는 돌이킬 수 없는 상황에 이른 환경을 바로잡기 위해 많은 대책을 도입했다. 34곳의 국립공원과 야생생물보호구역, 7곳의 국립해양공원을 지정하는 한편 멸종위기 동식물을 보호하기 위한 법안을 도입했다. 어쩌면 조금 낙관적인 희망인지도 모르지만 태국 정부는 2050년까지 숲의 비율을 국토의 40%까지 끌어올릴 계획이다.

최근 태국인과 태국을 찾는 외국인들 사이에서는 태국이 다른 무엇보다 경제적 이유만으로도 환경을 보호해야 한다는 인식이 퍼지고 있다. 태국인의 국민생산에 크게 기여하는 관광산업은 환경 파괴의 원인인 동시에, 친환경 관광을 통해(특히 해안 지역) 환경 보존에 도움을 주기도 한다. 태국은 멸종위기에 처한 야생동식물 국제거래에 관한 UN 협약에 서명하고 강과 해안 지역 쓰레기 문제를 다루기 시작했으며, 숲에 사는 야생동물을 재료로 쓰는 음식점에 대한 엄중한 단속을 실시하고 있다.

역사

고고학자들은 태국 북동부를 세계 최초로 도자기를 생산하고, 쌀을 경작하고, 청동기 문명이 번성한 지역 중 하나로 분명하게 지목하고 있다. 최근 발견에 근거한 학술적 의견은 동아시아 최초의 영구적 정착지가 메콩 강 양안, 지금의 라오스와 베트남 국경 지역에 있었다는 것이다. 기원전 2100년부터

나콘랏차시마에서 발견된 선사시대 벽화.

반치앙 도기를 빚는 모습.

이런 정착지들에서 북으로는 중국, 남으로는 자바와 발리에
이르기까지 상당한 청동기를 포함한 물품 교역이 이루어졌다.
태국 내에서 그 활동의 중심지는 현재 반쁘라삿과 반치앙이라
불리는 곳으로, 모두 현대식 관광버스로 쉽게 방문할 수 있다.
그곳에 가면 '진짜' 반치앙 가공품을 사라는 제안을 많이 받게

될 텐데, 어차피 모두 가짜일 테니 진품이라며 500달러를 요구하거든 50바트를 주겠다고 해보라. 아마 수락할 것이다.

　메소포타미아와 중국보다 수백 년 앞선 기원전 3000년대 태국에 청동기시대 전기가 도래했다. 태국의 초기 정착민들이 쌀을 즐기고 있을 때 중국인들은 기장을 먹고 살았다. 태국인들은 역사적으로 서양의 식민지가 된 적이 없다는 것에 긍지를 느끼지만 특정 시기에 이웃국가의 지배를 받기는 했다(또한 특정 시기에는 이웃국가들을 지배했다). 8세기에서 13세기까지 태국 남부의 상당 부분은 말레이-인도네시아의 스리위자야 제국에 속했다. 7세기에서 11세기 사이에는 북부 변방과 남부를 제외한 태국의 상당 부분을 크메르 왕국과 문화가 지배했으며, 전성기에 버마와 라오스의 상당 부분을 통치했던 북부 변방 지역의 란나 왕국은 1558년 버마인들에게 무너졌다.

　진정한 최초의 태국 왕국은 1238년 크메르 왕국으로부터 독립을 선포한 수코타이였다. 수코타이는 현재의 태국, 라오스, 말레이시아의 상당 부분을 통치했다. 많은 태국인이 수코타이 시대를 역사적으로 평화와 번영을 누린 황금기로 생각한다. 초기 형태의 태국 문자가 제한적으로나마 사용되기 시작한 것도 이때였는데, 당시 비문에 사용된 문자와 언어는 오늘날 표준어인 중부 태국어보다는 라오 문자에 가깝다. 이는 현대 태국어가 라오어에서 발전했음을 암시한다. 실제로 라오스와 베트남 북부에 거주하는 라오족은 오늘날의 태국인과 민족 기원 신화를 공유하고 있으며, 그들의 공통적 기원 지점은 북부 베트남이다.

　그러나 버마인, 캄보디아인들과의 충돌이 2세기에 걸쳐 계속되는 동안 태국은 캄보디아의 불교와 왕실 의식을 받아들었다.

이 시기 태국의 수도였던 아유타야는 두 번이나 완전히 파괴되었다. '아유타야 시대'라고 불린 400년 동안 34명의 왕이 나라를 통치했으며, 이때 태국의 중요한 특성인 군주제를 확립시켰다. 또한 태국 사회 시스템의 필수적 부분인 '싹디나 신분제'가 이 시기에 확립되었다.

싹디나 신분제

아유타야 왕들 가운데 가장 두드러진 왕은 보롬뜨라이록까낫이다. 태국인들은 보통 그의 이름을 '뜨라이록'으로 줄여서 부른다. 컴퓨터도, 근대 전체주의 국가의 기술적 도구도 없던 시절에 그는 봉건 영주들이 왕의 총애를 얻기 위해 평화적인 경쟁을 벌이도록 유도함으로써 그들을 통치했다. 땅이 부와 지위의 열쇠이자 종종 충돌의 원인이라는 것을 인지한 뜨라이록 은 개인의 토지 소유를 합리화하는 장치로 각각이 왕실의 후원을 받아 토지를 소유하고 권력을 키울 수 있게 했다(싹디나는 태국어로 '논밭의 힘'을 뜻한다).

지주에게는 소유한 토지 면적에 상응하는 숫자를 부여했다. 최고 관료인 짜오프라야는 1만 등급을 받아 토지를 1618.7헥타르까지 소유할 수 있었던 반면, 일반 백성은 특별한 공훈이 없는 한 20 이하 등급으로 최대 4헥타르까지만 소유할 수 있었다. 여성은 이 제도에서 배제되었다. 단, '미아루앙'이라고 하는 본처에게는 남편 등급의 절반이, '미아노이'라고 하는 첩에게는 남편 등급의 1/4이 주어졌다. 노예인 처는 등급을 받지 못하지만 남편의 아이를 낳으면 첩으로 신분 상승이 되었다.

분쟁 해결도 싹디나에 근거해 이루어졌다. 남자가 벌금형을 받을 경우, 또는 보상을 받을 경우에도 싹디나 등급에 따라 액수를 정했다. 싹디나는 삶의 모든 부분에 침투했다. 싹디나 등급이 1000인 사람이 1500인 사람을 만나면 먼저 합장하며 인사를 해야 했다.

싹디나 제도는 1905년 태국의 근대화를 이끈 쭐랄롱꼰 왕에 의해 노예제와 함께 공식 폐지되었지만 그 잔재는 여전히 남아서 대다수 태국인의 일상에 영향을 미치고 있다. 모든 태국인은 부와 사회적 명성과 관련된 복잡한 위계구조 내에서 신분이 분류되며, 이 구조가 타인에 대한 개인의 행동을 통제한다.

한편, 버마인들은 계속해서 아유타야의 평화와 안정을 위협하는 골칫거리였다. 1769년, 그들은 마침내 딱신 왕에 의해 축출되었다. 딱신 왕은 파괴된 아유타야를 떠나 방콕의 바로 강 건너편에 있는 톤부리에 새로운 수도를 건설한다. 지금의 짜끄리 왕조는 1782년에 시작되었다. 딱신 왕 밑에 있던 짜오프라야 짜끄리 장군이 왕을 축출하고 스스로 왕위에 올라 초대 국왕(라마 1세)이 되었다. 이때부터 오늘날까지 짜끄리 왕조가 중단 없이 이어지고 있다.

쭐랄롱꼰 대왕

1873년, 쭐랄롱꼰 왕(라마 5세)이 통치를 시작하면서 가장 먼저 한 일 중 하나는 일반 백성이 왕족의 발보다 머리를 높게 들 수 없었던 복종법을 폐지한 것이다. 그는 궁전 안에 영국인 교장을 둔 서구식 학교를 세우고. 왕국 전체에서 학교 교육 확대에 힘썼다. 사람들이 그를 '근대 교육의 아버지' '근대 태국의 창시자'로 일컫는 이유다. 왕권을 세속화하기 위해 많은 일을 한 그는 오늘날까지 가장 존경받는 태국 왕 중 한 명이다.

방콕 랏차담년 거리에 있는 쭐라롱꼰 대왕 동상 앞.

공휴일로 지정된 그의 서거일에는 학생과 공무원들이 방콕 랏차담년 거리에 있는 그의 동상 앞에 모여 엎드려 절하는 모습을 쉽게 볼 수 있다. 이 동상은 매주 열리는 도시 숭배 모임의 중심지이기도 하다.

쭐랄롱꼰 왕은 동남아시아의 다른 모든 국가가 식민주의 세력 앞에 무너지고 있을 때 태국을 자주국가로 유지한 공도 인정받고 있다. 외세의 위협이 큰 상황에서 군대와 관료주의를 빨리 근대화할 필요를 느끼고 이를 도입, 실행할 혜안과 능력이 있었다. 당시 시암(태국의 옛 이름)에 눈독을 들이고 있던 프랑스와 영국이 이미 노예제를 폐지한 상태였고 시암 사람의 3분의 1은 노예 신분이었다는 점을 고려할 때 인본주의적 고려 외에도 노예제를 폐지해야 할 충분한 실용적 이유가 있었다. 쭐랄롱꼰 왕은 단계별로 이 목표를 이루었다.

그에게는 왕권과 관련해서도 근대화를 꾀할 개인적 이유가 있었다. 태국 역사에서 가장 비극적인 아이러니 중 하나는 왕족을 분리 보호하기 위해 제정된 법의 직접적인 결과로 쭐랄롱꼰 왕비와 딸이 죽음을 맞았다는 사실이다. 수난타 왕비는 많은 충성스러운 백성들로부터 불과 몇 미터밖에 떨어지지 않은 잔잔한 하천에서 익사했다. 그 이유를 설명하기 위해, 쿼리치 웨일스가 태국 왕실에 대해 쓴 훌륭한 책《시암 국가 의식 Siamese State Ceremonies》에서 그 시대에 존재했던 법문을 인용한다.

배가 가라앉으면 선원은 헤엄쳐 배에서 멀어져야 한다. 배 근처에 남아있으면 처형될 것이다. 배가 가라앉고 왕족이 물에 빠지면 선원은 신호용 장대를 앞으로 뻗고 코코넛을 던져 왕족이 잡을 수 있게 한다. 왕족이 코코넛 열매를 잡을 수 없다면 신호용 장대를 붙잡게 할 수 있다. 선원이 왕족을 구하기 위해 왕족의 몸에 직접 손을 대면 처형될 것이다. 코코넛 열매를 던진 사람에게는 은화 40티칼과 황금 대야가 상으로 주어진다. 배가 가라앉고 다른 사람이 코코넛 열매를 던진 것을 보고도 왕족을 구하러 가면 벌이 두 배로 늘어나고 그의 온 가족이 몰살될 것이다. 배가 가라앉고 코코넛 열매를 던졌는데, 열매가 왕족이 있는 쪽이 아니라 강변 쪽으로 흘러가면 그의 목을 베고 집을 몰수한다.

쭐랄롱꼰의 근대화 정책은 워낙 광범위하게 이루어져 1870년대 서양 논평가들은 태국을 아시아에서 산업화될 가능성이 가장 큰 나라로 꼽았다. 반면 똑같은 논평가들이 일본은 성공 가능성이 없다고 생각했다.

푸미폰 대왕

절대군주제는 1932년 입헌군주제로 바뀌었다. 이제 왕이 있는 자리에서 평민도 서 있을 수 있고 왕의 사진까지 찍을 수 있었다. 라마 9세인 푸미폰 왕은 1946년 즉위해 쭐랄롱꼰 대왕의 유산을 바탕으로 일관된 통치를 이어갔다. 그는 2016년 서거할 때까지 세계에서 가장 오랫동안 한 국가를 통치한 군주였다.

군주를 봉건시대의 잔재로 보았던 외국인들은 푸미폰 대왕에게서 지극히 21세기적인 면모를 발견하고 기분 좋은 놀라움을 느끼곤 했다. 푸미폰은 전통적인 '전사형 군주'에서 탈피해 항상 사람들을 만나고 다녔기 때문에 그의 실물을 보지 않은 태국인이 거의 없을 정도였다. 통치 기간 내내 다양한 기술 개발 프로그램에 긴밀히 관여했고, 치트라다 궁에서 재생 가능 에너지를 개발하기 위한 실험을 실시했다. 그는 또한 세계에서 유일하게 색소폰과 클라리넷을 모두 연주하는 군주였

세계에서 가장 오랫동안 한 국가를 통치한 푸미폰 대왕.
사진은 그의 사후에 나온 기념우표다.

을 것이다. 지금도 그의 재즈 연주곡을 구입해 들을 수 있다. 쭐랄롱꼰 왕과 마찬가지로 푸미폰 왕도 '대왕' 칭호를 얻었다. 그의 사후에 현 국왕인 마하 와치랄롱꼰(라마 10세)이 왕위를 계승했다.

현대 태국인과 역사의 관련성

오늘날 타이 왕국 각지에 흩어져 사는 모든 태국인이 나라와 민족의 형성에 영향을 미친 역사적 인물과 사건들에 대해 자세히 알고 있지는 않을 것이다. 그러나 지역적, 인종적 차이가 있을지언정 모든 태국인은 지금의 태국 사회에 속해 있으며, 이 사회는 태국의 특정한 역사에 의해 형성되었다. 다른 나라 사람들도 마찬가지다. 지금의 영국인에게 프랑스와의 백년전쟁에 대한 의견을 물으면 그는 "무슨 전쟁이라고요?"라고 되물을 수 있지만 그러면서도 프랑스인들에 대해 말로 설명할 수 없는 애증의 감정을 느낄 것이다. 태국인들도 이웃한 버마(현 미얀마), 라오스, 말레이시아, 캄보디아 사람들에 대해 비슷한 감정을 느낀다.

'싹디나'라는 말을 들어본 태국 젊은이들은 아마도 그것을 과거의 유물 이상으로 생각하지 않겠지만 자신도 모르는 사이 나이나 지위가 높은 사람을 만나면 먼저 합장 인사를 하고 대화할 때 어휘도 조절할 것이다. 좋은 호텔에서 손님에게, 또는 집안에서 가장에게 서빙을 할 때는 몸을 낮추는 것이 일반적이며 심지어 무릎을 꿇기도 한다. 앉아있는 사람 앞을 지나갈 때도 몸을 낮춘다. 뭔가를 건네줄 때는 왼손으로 오른손을 받치거나 양손을 쓴다. 이것이 그냥 습관일까? 물론 그렇다. 그러나 긴 역사에서 비롯된 습관이다.

태국은 종종 (일본과 비교해) '느슨하게 조직화된 사회'라고 이야기되고 사실 그렇다. 많은 가난한 사람들이 부와 지위의 사다리를 타고 오르고 있지만 신분에 대한 기본 원칙은 여전히 견고하게 남아 사회의 모든 기능을 유지시킨다(비록 더 이상 처형이나 매 같은 형벌로 뒷받침되지는 않지만).

종교

전통적인 예의범절에 대한 방문객들의 무지는 외국인이라서 그렇다거나 기껏해야 무례하다고 받아들여지는 정도지만 종교적 맥락에서 부적절한 행동을 하면 쉽게 용서되지 않는다. 의도했건 의도하지 않았건 태국인들이 신성시하는 것을 모독하면 정말로 큰 낭패를 볼 수 있다. 종교와 왕실은 태국에서 신성한 영역이다. 태국 사원에서, 또는 승려에게 무례한 행동을 하는 것은 절대 금기다.

사원(왓)

불교 사원인 '왓'은 무척 소박할 수도, 극도로 화려할 수도 있다. 작은 마을에서는 왓이 단순한 본당(봇)과 한두 명의 승려가 기거하는 나무집으로 이루어진 반면, 인구가 많은 중심지에서는 삭발식과 화장 같은 종교적 의식이나 투표 같은 세속적 활동을 위해 일반인들이 모일 수 있는 넓은 마당 '살라'를 갖추고 있다. 사원 경내 어딘가에 보리수나무가 있을 것이다. 규모가 큰 사원이라면 서쪽에 화장터가 있을 수 있고, 어떤 사원에는 서고, 또는 개인이나 가족의 유골을 보관하는 불탑 형태의 건축물 '체디'도 있을 것이다. 종교적 이유가 아닌

체디는 다양한 형태로 존재
한다. 사진은 방콕에 있는
왓 포의 프라 마하 체디.

관람을 위해 갔더라도 이 모든 것을 경건한 마음으로 대해야 한다.

왓은 벽으로 외부세계와 단절되지만 대체로 문이 열려 있으며 내부에 자동차나 오토바이를 주차할 수 있다(유료인 경우가 많다). 왓의 경내는 뜨겁고 시끄러운 대도시 한가운데서도 조용하고 푸릇푸릇한 오아시스를 제공한다. 당연한 일이지만 왓은 태국 곳곳에서 평화로운 휴양처이며 종교적 중심지일 뿐 아니라 공동체의 사교적 중심지로서 기능한다. 누구든 자유롭게 드나들 수 있으며, 심지어 사원에서 키우는 개가 신경 쓰지 않는다면 개도 데려갈 수 있다.

본당(봇)

왓 경내의 특정 부분들은 다른 곳보다 신성하게 여겨지는데, 중앙에 있는 본당과 불상이 가장 중요하다. 본당과 요사채에 들어갈 때는 신발과 모자를 벗어야 하며, 문지방을 밟지 않고 넘도록 주의해야 한다. 밖에 벗어둔 신을 다른 사람이 훔쳐가는 일은 거의 없지만 가끔 개가 물어가는 경우는 있다. 나와서 신을 찾을 수 없다면 누군가에게 부탁해 경내를 뒤져야 할 것이다.

보리수나무

거대한 크기와 사방으로 뻗은 가지로 쉽게 알아볼 수 있는 보리수나무(몸통이 짙은 황색 법복으로 감싸인 경우도 있다)는 부처가 그 아래서 깨달음을 얻은 나무라고 해서 신성시한다. 그러니 아이들이 있다면 나무에 오르지 못하도록 단속하라. 아마 나무그늘 아래에 갖가지 자세를 취한 불상들이 빙 둘러 세

워져 있을 것이다. 모든 태국인은 태어난 요일에 따라 하나의
자세를 타고난다고 하는데, 사람들은 저마다 그 자세에 해당
하는 불상 앞에서 촛불과 향을 피우며 마음 정화 의식을 수행
한다. 그러니 나무 주변 전체를 기도의 장소로 봐야 한다.

옷차림

대부분 왓에서는 평범한 복장이 허용된다. 그러나 방콕에
위치한 일부 왕실 사원은 바지 입은 여성이나 반바지와 티셔
츠 차림의 남성 또는 여성의 입장을 거부할 것이다. 그럴 때는
입구 앞에서 긴 치마를 빌려 옷 위에 둘러 입으면 된다.

여성들도 경내 어디에나 들어갈 수 있지만 승려들이 기거하
는 요사채에는 들어가면 안 된다. 요사채는 무리지어 있거나
숲속에 군데군데 흩어져 있다. 생리 중인 여성을 금하는 제약
은 없다.

분위기

기독교인에게는 왓의 경내 분위기가 낯설고 놀라울 수 있
다. 불교 의식은 주로 개인적인 활동이어서 특별한 단체 행사
를 제외하곤 사람들이 아무 때나 왓에 와서 저마다의 의식을
치르고 간다. 경내에서 사교 활동과 종교 활동도 뚜렷하게 구
분되지 않는다. 승려의 설교나 의식이 진행되는 중에 어떤 이
들은 경건하게 앉아있는 반면, 어떤 이들은 담배를 피우거나
차를 마시거나 빈랑나무 열매를 씹거나 조용히 담소를 나누는
광경을 볼 수 있을 것이다.

보통은 침을 뱉거나 담뱃재 또는 일반 쓰레기를 버리는 타
구가 곳곳에 배치되어 있다. 사원 경내 어딘가에 화장실도 있

을 텐데, 주로 승려들이 이용하는 시설이다. 일반인도 이용할 수는 있지만 가장 소박한 시설 이상의 것을 기대하지 않는 게 좋다. 대부분 사원에서는 1년에 한두 번씩 간단한 세속적 게임과 종교 활동이 결합된 '묘회'라는 사원 장터가 열린다. 이런 날은 경내에서 음식과 음료를 판매하고 전반적으로 자유로운 분위기다. 하지만 무엇이든 허용되는 송크란(태국 설날)에도 사원 경내에서는 물총놀이 같은 것을 하면 안 된다.

승려

태국어에서는 승려(프라)의 지위적 우월성이 분명하게 드러난다. 승려에게, 또는 승려에 대해 이야기할 때 사용하는 특별한 어휘가 있다. 예를 들어 일반인에게 쓰는 존칭 '쿤'과 달리, 승려(또는 불상)에게는 '옹'이라는 호칭을 구별해서 붙인다.

전통적으로 승려는 소유물이 거의 없이 생활하며 명상과 영적인 지식을 추구하고 사람들을 가르치며 시간을 보낸다.

태국 사람들이 승려를 존경하는 데는 세속적으로나 종교적으로 분명한 이유가 있다. 외딴 마을에서는 승려들이 여전히 농민의 아이들에게 기본적인 교육을 담당하며, 성인들에게는 수공예와 직업 기술을 가르치고, 협동적인 노동력을 동원해 공동체를 위한 우물과 다리, 작은 댐을 건설하는 등 중요한 세속적 기능을 수행한다. 개중에는 227 계율을 지키지 않고 승려답지 않게 행동하는 소수도 있지만 대다수는 점점 더 부도덕해지는 세상에서 미덕의 본보기 역할을 충실히 수행한다.

염불을 하는 동안 승려들은 물리적으로 일반인보다 높은 단위에 일렬로 앉는다. 관광객들이 자주 찾는 사원들에서 영어로 '승려 전용'을 의미하는 'reserved for monks'라든가 'monks only'라고 적힌 표지판을 볼 수 있을 것이다. 단 위에 승려가 앉아있지 않더라도 그곳에 앉거나 물건을 올려놓아서는 안 된다. 사진 촬영을 금하는 표지판이 없다면 대체로 촬영은 가능하다.

일반인은 승려 앞에서 불상 앞에서와 같은 경건한 자세를 취해야 하며, 승려보다 나중에 먹고 뒤에서 걷고 그들의 뒤쪽 낮은 곳에 앉아야 한다.

주지승

모든 승려는 가난과 겸손을 맹세하지만 그들도 일반인과 마찬가지로 상대적 지위를 중시한다. 똑같은 법복을 입지만 염불을 할 때 가져가는 부채의 종류에서 개별적 지위가 분명하게 드러난다. 큰 사원의 주지승은 지역 내 위계질서의 맨 꼭대기에 위치해 종교적으로나 세속적으로 공동체에서 영향력이 크다. 주지승의 구역 내에서 그가 모르거나 승인하지 않은 일이 이루어져서는 안 된다. 만약 사진을 많이 찍을 계획이라면 그를 찾아 허락을 구하도록 하라. 주지스님에게 다가갈 때는 그보다 몸을 낮추고 아주 공손하게 와이(합장 인사)를 해야 한다.

공양

구경하는 데 그치지 않고 직접 참여해 공덕을 쌓고 싶은 사람은 부처님께 올릴 적절한 공양물을 사원 안이나 밖에 있는 상점에서 구입해 간다. 일반적인 공양물은 세 개의 향(부처님과 그의 가르침, 승단을 상징한다)과 꽃, 양초 그리고 간혹 얇은 금박이다.

'와이 프라'라고 하는 부처에게 올리는 공양 의식은 개인마다 차이가 크지만 일반적으로 다음과 같은 순서를 따른다. 제일 먼저 양초에 불을 붙여 불상 앞에 늘어선 양초들 사이에 놓는다. 꽃은 물에 띄우거나 제공된 선반 위에 놓는다. 향은 양초에서 불을 붙여 합장한 손바닥 사이에 끼우고 고개 숙여 절한다. 경건한 자세로 조용히 앉아있는 태국인들은 아마 속으로 불경을 암송하며 부처님과 그의 가르침, 부처님이 만든 승단을 찬양하고 있을 것이다. 그런 다음 대개는 '가족을 건강하게 해주세요.'라든가 좀 더 구체적으로는 '대학에 합격하게 해주세요.' 같은 소망을 마음속으로 빈다. 그러고 나서 향의 불 붙은 쪽을 위로 향하게 하여 모래가 담긴 단지에 꽂는다. 금박을 준비한 경우 불상 표면에 눌러서 붙인 후 세 번 절하고 공양을 마친다. 방문객들도 원하면 이 절차를 따르거나, 아니면 그냥 조용히 앉아서 부처님 또는 자신의 신과 조용히 교감하면 된다.

공양을 마친 뒤에는 불상 옆이나 입구에 마련된 상자에 얼마간의 돈을 시주하는 것이 일반적이다. 이 돈은 사원 유지비로 쓰인다. 승려들에게 시주하는 물건은 특별히 그를 위해 준비한 것이어야 한다. 사용하던 물건을 주어서는 안 된다. 마찬가지로 음식을 제공해 공덕을 쌓기로 했다면, 그것을 먼저 승려들에게 보시한 뒤 남은 음식을 먹는다. 부처님이나 승려에게 바치는 꽃도 오직 공양의 목적만 띠어야 한다. 꽃을 바치기 전에 무심코 꽃 냄새를 맡으면 내세에 콧구멍에 무시무시한 일이 발생할 수 있다는 경고도 있다.

여성

여성이 승려나 그가 입은 법복에 접촉하는 것은 절대 금기이며, 그런 경우 승려는 정교한 정화 의식을 치러야 한다. 여성 신도가 승려에게 뭔가를 직접 건네서는 안 되며, 남성을 통해 전달하거나 승려가 집어갈 수 있도록 내려놓거나 승려의 밥그릇 또는 (모든 승려가 이런 용도로 가지고 다니는) 황색 보자기 위에 놓아야 한다.

승려들은 보통 버스를 탈 때 뒷자리에 앉으며, 여성들은 이 자리를 피한다. 승려들은 버스에 오르내릴 때도 뒷문을 이용함으로써 여성과의 신체 접촉이 발생할 가능성을 줄인다.

신성한 상징들

불상

불교의 신성한 상징들 중에 가장 유명하고 태국인들이 가장 중시하지만 불행히도 외국인(그리고 일부 태국인)에게 가장 빈번하게 모독당하는 것은 불상이다.

불상은 우상이 아니다. 그것은 어떤 신도 상징하지 않으며, 엄밀히 말해서 사람들이 '불성', 즉 번뇌를 완전하게 제거한 상태에 도달하는 데 도움을 주는 존재일 뿐이다. 그러나 불성을 바라는 것과 실제 불상을 숭배하는 것 사이의 구분은 뚜렷하지 않으며, 그런 구분이 불상의 신성함을 바꿔놓지도 않는다.

불상을 더없이 경건하게 대해야 하는 것은 두말할 필요도 없다. 과거에는 불상을 훼손하거나 불상 표면에서 금박을 벗겨가는 사람은 모두 중벌에 처했다. 오늘날에도 불상의 무단 반출에 대한 엄격한 제약이 있지만 관광 기념품점에서 버젓이 팔리거나 심지어 불경스럽게 길거리에 진열된 경우도 볼 수 있다. 국가적으로 많은 귀중한 불상이 사라졌다가 서양의 박물관에 나타나곤 했는데, 대개는 태국인이 훔쳐서 판 것들이며(통째로 가져갈 수 없는 경우, 가장 높은 값을 받을 수 있는 머리만 떼어가기도 한다) 이들은 때로 외국의 명망 있는 박물관이나 대학들에 대놓고 공모를 하기도 한다. 이런 소수의 행동은 대다수 태국인의 행동과는 극명한 대조를 이룬다. 보통의 태국인들에게 불상은 상품도, 예술품도 아니다. 태국에서 불상에 대해 말할 때는 특별한 높임말을 쓰는데, 불상은 숭배의 대상이지 단순한 장식품이 아니기 때문이다.

불상 모독과 관련해서도 인식에 정도차가 있다. 외국인이 장식용으로 불상을 집에 두는 것에 반감을 품는 태국인은 많지 않다(단, 바닥에 뒤서는 안 된다). 또한 외국인 손님이 집에 놀러 와서 불상을 집어 들고는 "와, 멋지네요. 어디서 구할 수 있죠?"라고 묻는다 해도 태국인들은 아마 감정을 억누를 수 있을 것이다. 그러나 외국인이 전국 곳곳에 있는 대형 불상 중

47

불상은 태국인들이 가장 신성시하는 것이다. 사진은 아유타야 역사공원.

하나에 기어 올라간다면, 그것은 인내의 선을 넘는 짓이다. 가장 낮은 발이 가장 높은 부처님을 밟았기 때문이다.

국왕

비록 더 이상 공식적으로 신성한 존재는 아니지만 국왕은 태국인들이 부처와 승려 다음으로 공경하는 인물이기 때문에 왕과 왕가, 왕의 초상이 모두 신성시된다고 생각해도 무방하다.

태국 극장에서는 영화를 상영하기 전에 왕가의 사진이 화면에 나오고 '국왕의 국가'가 연주된다. 이는 태국 국가가 아니라 왕과 왕비 또는 그들의 영상이 있는 자리에서만 나오는 특별한 곡이다. 이때 자리를 찾아 이동 중이라면 차렷 자세로 서고, 좌석에 앉아있다면 일어서야 한다. 태국 국가, 국왕의 국가 외에 왕의 대리인이 있을 때 나오는 곡도 있다. 외국인 방문객들은 이 세 곡을 모두 경건하게 대해야 하며, 음악이 연주되는 중간 그 일부로 잠시 중단되는 부분에서도 자리에 앉아서는

영화관이나 백화점, 호텔 등 태국 도시 어디에서나 국왕의 초상화를 볼 수 있다.

안 된다.

태국의 모든 지폐와 동전에는 왕의 초상화가 새겨져 있다. 이 지폐를 접어서 지갑에 넣고 그 지갑을 아무 주머니에나(심지어 엉덩이에 달린 뒷주머니도) 넣고 다니는 것은 상관없다.

책

부처님과 왕처럼 신성시되지는 않지만 태국인들이 경건하게 취급하는 몇 가지 일상적인 물건이 있다. 책과 모자가 거기에 포함된다. 책을 경건하게 취급하는 이유는 비교적 최근까지 사원에서 교육을 담당해왔고, 주로 종려나무 잎에 손으로 쓴 경전(패엽경)이 유일한 책이었기 때문이다. 나아가 모든 책은 지식과 이해라는 목적으로 사람들을 이끌기 때문에 그에 합당한 존중을 받아야 한다고 여긴다. 그러나 오늘날 거의 모든 태국인이 글을 읽고 쓸 줄 알지만, 책을 중시하는 마음이 독서 습관까지 길러준 것 같지는 않다. 어느 서점에 가나 왕족에 대한 책이나 자기계발서는 많지만 독서의 진정한 즐거움을 위한 책의 종수는 제한되어 있는 것 같다(지난 10년 동안 태국에서 가장 많이 팔린 소설은 《해리 포터》 번역서였다).

모자

모자는 머리와 관련된 물건이기 때문에 조심스럽게 다뤄야 한다. 항상 높은 곳에 걸거나 올려놓는다. 본당에 들어가기 위해 신발과 모자를 벗을 때도 모자를 신발 위에 올려두면 안 된다. 발과 머리 사이에 부적절하고 불행한 연관이 지어지기 때문이다. 반대로 '낮은' 지위의 물건을 적절하게 취급하는 것도 눈여겨보자. (신은 채로든, 그렇지 않든) 신발을 의자에 올려두는

피분송크람 군사정권 당시의 복장 지침. 왼쪽은 금지된 복장, 오른쪽은 허용되는 복장의 예다.

것은 모자를 바닥에 두는 것만큼이나 나쁜 행동이다.

의복은 전통적으로 태국에서 진지하게 다루어졌다. 피분송
크람 군사정권 당시에는 국민들에게 허용되는 복장과 허용되
지 않는 복장을 보여주는 지침을 만들어 공표하기도 했다(위
그림 참조). 이 그림에서 모자에 주목하라. 태국의 제3대 총리
였고, 국호를 '시암'에서 '태국'으로 바꾼 자이며, 일본 파시즘
의 지지자였던 피분송크람은 문명화의 일환으로 사람들이 있
는 자리에서는 모자를 쓸 것을 강력히 권장했다.

코끼리와 우산

왕족이나 종교와의 연관성 때문에 경건하게 취급되는 것도
있다. 희귀한 흰색 코끼리는 항상 왕에게 진상되는 물건이었
기 때문에 생계를 위해 일하는 다른 코끼리들과 달리 아주 특
별한 동물로 취급받는다.

우산도 왕실과 관련 있는 물건이다. 사용하는 우산의 단수

가 높을수록 귀족의 지위가 높다. 일반적인 1단 우산은 비와 태양을 피하기 위해 누구나 쓸 수 있다. 한편 승려가 되기 위해 사원으로 가는 젊은이나 화장터로 가는 망자에게는 비가 오거나 태양이 내리쬐지 않아도 화려한 우산을 씌워 '보호해' 주는 전통이 있는데, 이 두 가지 순간에 평민은 자신이 오를 수 있는 가장 높은 지위를 달성하기 때문이다.

쌀

쌀은 동식물과 사물들의 위계에서 아주 특별한 위치를 차지한다. 개인과 나라에 생명을 주는 존재이기 때문이다. 오늘날 대부분의 태국인은 더 이상 농사를 짓지 않지만 태국은 여전히 인도 다음으로 세계에서 가장 많은 쌀을 수출하는 나라이다. 예부터 태국인들은 쌀에 신령이 깃들어 있다고 믿었으며, 왕부터 초라한 농부에 이르기까지 모든 사람이 쌀의 신령을 기쁘게 하기 위해 정성을 들인다. 벼를 심고 추수할 때 특별한 의식을 행한다. 쌀이 바닥에 떨어지면 조심스럽게 쓸어 담아야 한다. 쌀의 여신이 모욕을 당하면 쌀농사를 망치고, 쌀의 여신이 기뻐할 때만 잘 먹고 번성할 수 있다고 믿기 때문이다. 그러니 먹다 남은 밥도 화장실에 버리면 안 되고, 개에게 주는 것은 괜찮다.

경제

태국 경제는 상당한 부침을 겪었다. 1980년대와 1990년대 (정확히는 1997년 경제위기까지) 태국은 아시아의 호랑이 중 하나로 칭송받았다. 1980년대 중반에는 성장률이 연간 13%에 이르렀고, 건물 값이 그것을 건설하는 동안 거의 두 배로 뛰어 올랐다. 새 도로 건설은 곧 시장에 대한 접근성 개선과 땅값 상승을 의미했다. 슈퍼마켓이 재래시장보다 익숙해지고, 극동 해안지방이 산업화되고, 1980년에 75%였던 농업 관련 업종 종사자의 비율이 2018년 현재 40%까지 떨어진 동시에 농업생산성은 향상되었다. 도시에서 일하는 농촌 출신 젊은이들은 부모에 비해 부자가 되었고, 모두들 (태국에서 만들거나 조립한) 오토바이를 소유하고 일부는 자동차를 소유했다(태국은 자국 브랜드의 자동차를 생산하지 않지만 BMW를 비롯한 몇몇 값비싼 외제차 공장이 들어서 있다).

태국인들은 경제 침체와 정치 투쟁, 큰 자연재해를 겪은 뒤 놀라운 회복력과 국가 재건의 의지를 보여주었다. 낮은 인플레이션과 상당한 일인당 국민소득으로 인한 내수 진작과 품질관리, 수출 주도의 경제로, 태국은 여전히 국제 투자자들이 선호하는 곳이다. 내부적인 정치적 모순까지 극복할 수 있을지는 아직 두고 볼 일이지만 지금까지의 궤적으로 판단하면 아마 그렇게 될 것이다.

3

태국 사람들

함께 밥을 먹을 친구는 찾기 쉽다.
그러나 함께 죽을 친구를 찾기는 힘들다.
– 태국 속담

태국인에 대한 정의

태국인들은 스스로를 '사람'으로 정의한다. 태국인을 뜻하는 '타이Tai'라는 말 자체가 1940년에 태국 내 모든 시민을 지칭하는 단어로 바뀌기 전까지는 단순히 사람People을 의미했다(사람을 뜻하는 일상적인 용어는 '쿤', 인구라는 의미에서는 '프라차꼰'이라는 용어가 따로 있기는 하다). 시암을 태국(타일랜드)으로, 시암인을 태국인(타이)으로 바꾸기로 결정한 1940년 이전에 태국인들은 스스로를 타이 시암(또는 쿤 시암)이라 불렀다. 당시 '타이'는 쿤 보롬Khun Borom(태국과 라오스의 건국신화에 등장하는 인물)을 조상으로 한 모든 사람을 의미했다. 라오스의 타이-라오족, 태국 북부의 타이-위안족, 현재 태국-라오스 국경 지역과 중국(쿤밍까지)에 걸쳐 사는 타이-루족, 지금의 라오스 씨앙쿠앙에 정착한 타이-푸안족, 그리고 모든 태국인의 건국신화 탄생지인 지금의 베트남 북서부에 사는 타이-카오족과 타이-담족까지를 넓게 아우른 개념이었다.

태국인들은 여전히 스스로를 부족과 언어에 따라 세분화된 한 민족으로 보고 있을까? 그렇기도 하고 아니기도 하다. 각각의 분파는 라오스처럼 한 나라를 이루었거나 '타이족'이라는 단일한 민족 정체성으로 동화되었거나, 또는 여전히 스스로를 타이-루족, 타이-담족 등으로 부르면서 각자의 방언과 문화적 정체성을 유지한다. 그와 동시에 포괄적인 민족 개념으로는 타이족으로, 정치적 의미에서는 태국 시민으로 스스로를 규정하고 있다. 따라서 태국인은 복잡한 이중적 정체성을 가졌다고 보는 것이 바람직하다.

타이라는 단어가 갖는 이런 퍼즐 맞추기 같은 성격 때문에 '태국인'에 대한 정의는 수세기 전 이주해 와서 스스로를 태국인으로 보는 중국인과 고산 부족, 국경이 다시 그려질 때 태국인이 되었거나 적어도 태국의 시민이 된 남부 말레이인의 존재를 더해, 민족적 정체성에서 한참 너머로까지 확대된다.

다행히 분명한 정의가 필수불가결한 요소는 아니다. 태국인들은 스스로 그 모호함을 받아들인다. 복잡한 문제가 있는 건 부정할 수 없지만 대부분은 통합보다 동화를 선택한 정부의 결정으로 초래된 것들이고, 현대 태국인들은 이를 잘 받아들이고 있다. 그들은 이미 태국 중부지역(방콕-아유타야와 그 주변의 쌀을 생산하는 평야지대)에서 나고 자란 사람들의 모국어를 국어로 자연스럽게 받아들였다. 그것이 오늘날 태국 학교들에서 사용하는 언어이며 상업 및 산업, TV, 영화, 문학 등에서 사용되는 표준어이다. 많은 소수민족들도 태국인으로서의 정체성을 자발적으로 받아들이고 있으며 서로의 차이를 억압하기보다 인정하는 분위기다.

인구와 분포

2018년 8월, UN은 태국 인구를 6919만 4581명으로 추정했다. 이에 따르면 태국인의 54%는 도시에서 거주하며 일하는 도시인이고, 그중 방콕의 인구는 979만 명이다(전체 인구의 7분의 1). 북동부에 있는 우돈타니와 나콘랏차시마는 규모 면에서 두 번째, 세 번째로 크고, 남부의 핫야이가 네 번째, 중부의 춘부리는 다섯 번째, 치앙마이가 여섯 번째 도시다. 이런 통계 수치와 달리, 태국인과 외국인 모두 치앙마이를 태국 제2의 도시로 여기고 있다.

산아제한 정책의 성공과 소가족을 선호하는 새로운 가치관 덕분에 태국의 인구 통계는 최근 몇 십 년 사이에 극적으로 변화했다. 자연적인 인구 성장률은 2018년 현재 0.3%에 불과해 동남아 지역에서도 이례적으로 낮다. 오늘날 태국의 보건, 교육, 현대적 의료 서비스의 가용성은 세계 최고 수준이다. 2005년 이후에는 입원환자를 포함해 병원 1회 방문당 평균 1달러에 치료를 제공하는 의료보건 시스템을 구축했고 그 덕분에 기대수명이 극적으로 높아져 75세에 이르렀다. 이는 미국(79세) 수준에 육박한다.

방콕의 핫스팟인 시암파라곤 몰 앞에서 쇼핑과 휴식을 즐기는 사람들. 현대 태국인의 일상적인 모습이다.

교육 또한 최근 몇 년 간 크게 향상되었다. 태국의 식자율은 93%로 아시아에서 제일 높은 수준이다. 태국인들은 평균적으로 16년간 학교 교육을 받으며 그중 12년은 무상이다. 태국 최고의 명문 대학으로 꼽히는 쭐랄롱꼰대학교와 탐마삿대학교는 아시아 고등교육기관 중 상위 50위 안에 든다. 많은 태국인들이 더 공부하기 위해 해외유학을 가고, 특히 태국 의사들 중 상당수는 미국에서 공부한 사람들이다.

사회적 변화와 함께 이전보다 교육 수준이 높고 건강해진 소가족 위주의 인구가 증가했다. 태국인들은 이제 스스로를 교육 수준이 높고 미래지향적인 '신흥 부자'로 여긴다. 시각도 현실적이다. 젊은 세대는 자신들을 분리보다는 교역과 협동을 앞세우는 동남아시아국가연합(ASEAN)의 일부로 본다. 친척과 공동체가 여전히 중요하지만, 젊은 세대 사이에서는 개성과 경력이 더 중시된다.

통일성 속의 다양성

태국 인구의 약 75%는 타이족이다. 이 비율은 지리적, 언어적으로, 그리고 정도는 다르지만 문화적으로 구분되는 네 개의 주요 집단으로 다시 나뉜다. 짜오프라야 삼각주(주요 쌀 생산지)에 정착한 중부 타이족이 과반수를 이루며, 이들은 전통적으로 (외국인이 주로 배우게 되는) 중부 태국어를 써왔다. 집에서 라오어(태국에서는 이산어라고 부른다)를 쓰는 약 900만 명(라오스 인구보다 많은)이 북동부에 산다. 남부(춤폰, 핫야이, 나라티왓)와 북부(치앙마이, 치앙라이)에도 각각 자신들의 언어(방언)와 전통을 가진 타이족이 있다.

소수민족

중국에 뿌리를 둔 태국인은 전체 인구의 약 14%로 추정된다. 이들은 기본적으로는 여전히 중국인 정체성으로 살며 중국어를 말하고 인생의 통과의례에서 중국적 전통을 따른다. 그러나 태국에서 중국인의 진정한 영향력은 그들 대부분이 결혼을 통해 타이족과 결합해 더 이상 중국인 조상이 전혀 없는 태국인을 찾아보기 어렵다는 데 있다. 왕과 총리를 비롯해 태국 문화의 모든 측면에서 중국 유산을 물려받은 사람이 많다. 이들은 모두 완전한 태국인으로 받아들여진다.

이런 통합은 양쪽 모두의 훌륭하고 관용적인 관계 덕분에 가능했다. 태국에서 반중국적 정서가 팽배한 시기도 있었지만 지금은 역사의 뒤안길로 사라졌다. 태국에 사는 중국인들은 아시아 어느 나라에서보다 현지인들과 잘 섞여 지낸다.

말레이인은 수적으로는 중국인 다음이지만, 영향력 면에서 결코 뒤지지 않는다. 그들은 태국 인구의 5%를 차지하며, 대부분 말레이시아와 국경을 면한 남단의 네 지역에 산다. 거의 모두 이슬람교를 믿고 태국식이 아닌 말레이식으로 옷을 입는다. 여전히 말레이어를 제1언어로 사용하며, 할례나 매장 같은 말레이/이슬람교 의식을 행한다.

말레이인이 남부에 많이 사는 이유는 지역의 역사 및 국경의 변화와 밀접한 관련이 있다(말레이시아 북부에도 태국어를 쓰는 마을이 있다). 이들의 경험은 북동부에 거주하며 라오 말을 쓰는 사람들과는 아주 다르다. 이슬람교가 지배적인 이곳에서는 갈등과 분리주의가 여전히 팽배하다. 하지만 태국의 불교 관습과 가치관을 공유해온 북동부 사람들은 1827~28년 시암-라오스 전쟁에서 라오인의 비엔티안 왕국이 무너진 이래로 내내 평화롭게 살아왔다.

이밖에도 남부의 원시 말레이 바다집시족(일부가 푸껫 섬에 산다. 푸껫은 말레이어로 '산'을 뜻하는 '부킷'을 태국화한 이름이다)부터 동부 지역에서 크메르 말과 몬 말을 하며 반쯤 동화된 채 살아가는 사람들, 그리고 북부의 고산부족들에 이르기까지 약 100만 명에 달하는 기타 소수민족이 전국에 분포해 있다. 고산부족 중 가장 유명한 것은 몽족(베트남, 라오스 등에 거주하는 묘족의 일파)으로, 전통적으로 고도가 높은 곳에 살며 양귀비를 재배한다.

육신과 영혼

태국 불교신자와 애니미즘 신봉자들은 엄밀히 말해 유신론자가 아니다. 그들은 또 다른 형태의 삶으로의 이행, 즉 환생을 믿는다. 태국 종교의 중심 개념은 이것이다. 모든 영혼은 영원한 평화를 찾을 때까지, 즉 열반에 이를 때까지 다시 태어난다.

태국 종교에 관한 문헌에 등장하는 '콴khwan'이라는 말은 종종 영혼으로 번역되는데 이는 태국적이기보다 서양적인 표현이고 어쩌면 기독교적 사고방식에 의한 오역이다. 태국어로 콴은 죽으면서 옮겨가는(천국으로건, 환생을 통한 새로운 육신으로건) 영혼을 말하는 게 아니다. 콴에 대한 더 나은 번역은 육신에 생기를 불어넣는 '생명력'일 것이다. 사람이 죽어 육신이 움직임을 멈출 때 콴도 함께 존재를 멈춘다. 콴은 어디로도 가지 않으며, 육신이 불 태워질 때 함께 영원히 죽는다. 콴에 대한 적절한 은유는 '배터리 충전'이다. 배터리를 여러 번 재충

전하고 나면 새 배터리가 필요해지는 것과 같다.

콴은 다시 태어나지 않기 때문에 사람이 죽으면 그걸로 끝이다. 이때 육신을 떠나는 것(영혼)은 '빈얀vin-yarn'이다. 빈얀은 콴과 공존하지만 구분되는 개념이다. 사람이 더 나은 내세를 위해 공덕을 쌓으려고 하는 모든 행동은 빈얀과 관계가 있다. 반면에 콴은 불교가 아닌 태국적인 정신과 관계가 있다.

콴은 '머리의 콴'의 명령에 따르는 32 부분으로 나뉜다. 즉 '32 콴'이 있다고 말한다. 각 부분들 사이에서 분업이 이루어진다. 사람은 신체기관에 심각한 이상이 있지 않는 한 발가락으로 코를 후비지는 않으며, 두뇌에서의 중앙 집중화된 조율에 의해 손가락과 코가 그 일을 수행한다. 따라서 신체가 제 기능을 하려면 32 부분이 하나로 작동할 필요가 있으며, 이상적으로는 32 부분이 합의해서 작동한다.

32 부분 중 하나가 작동하지 않거나, 제 임무를 못하거나, 이탈해서 갈 길을 찾지 못하면 우리 신체는 제 기능을 못한다. 그리고 32 부분이 전부 작동을 멈추면 곧 죽음이다. 카뷰레터를 청소할 필요가 있다고 자동차를 불태울 필요는 없는 것처럼, 인체를 정비하는 것도 마찬가지다. 각 콴의 관리는 '수콴'(북동부에서는 '바시'라고 함)이라는 의식을 통해 이루어지며, 이를 통해 신체가 계속해서 제 기능을 한다.

주기적인 콴 관리, 즉 수콴은 개인의 질서와 공동체 내부의 조화를 유지해준다. 몸이 안 좋을 때나 상황이 잘 안 풀릴 때, 누구도 나를 사랑하지 않는 것처럼 보일 때, 수콴은 빠지거나 없어진 부분을 찾아 콴을 다시 온전하게 되돌려 놓는다. 본인에게도, 주변 사람들에게도, 공동체에도 좋은 일이다.

콴은 승려나 불교의 신조, 삶의 의미와는 관계가 없으며 사회와 환경 내에서 기능하는 것과 밀접한 관계가 있다. 세속적인 영혼이란 게 있다면, 콴이 바로 그것이다. 이런 '원시적 생각'에 관여하기를 거부하는 승려들도 있지만 대다수 승려들은 사람들의 상태가 좋지 않을 때 수콴으로 도움을 준다. 수콴은 승려에 따라 다양한 형태를 띠는데, 승려가 염불을 하며 환자 머리에 물을 부어주는 과정을 동반하는 경우가 많다. 시각적 효과를 극대화하기 위해 물이 머리에 이르기 전에 단검 위로 흐르게 하기도 한다. 수콴을 받는 사람은 승려 앞에서 합장한 채 무릎을 꿇고 머리를 숙이고 있어야 한다.

북동부의 타이-이산 지역공동체는 얼핏 보면 인조 크리스마스 트리처럼 생겼지만 꼭대기에 별 대신 두 개의 양초와 지폐를 꽂은 '파쿤phakhoun'이라는 물건 주위에 모여 수콴 의식을 행한다. 가정이나 공동체에서 직접 행하는 이 의식은 대표자 한 명이 몇 분간 염불을 하면서 집나간 콴을 부르며 진행한다. 그러면 콴이 원상복귀되고, 그 자리에 있는 모든 사람이 '싸이씬sai sin'이라는 성스러운 실을 당사자의 손목에 묶어주며 행운을 빈다. 태국 중부에서는 승려가 이 실을 묶어주기도 한다. 이는 콴을 온전하게 유지하고 육신 속에서 제대로 기능하도록 하는 의식이다.

이런 미신적인 활동에 빈얀은 개입되지 않는다. 빈얀은 일상의 물질세계와 관련되어 있는 수콴보다 한 차원 높은 영혼으로, 영적인 행복과 좋은 업보를 쌓는 일과 관련이 있다. 죽어서 텅 빈 몸을 떠나 환생과 새로운 시작을 위해 타오르는 것이 빈얀이다. 물론 살아서 업보를 쌓아야만 좋은 환생이 보장된다. 정말 나쁜 빈얀은 영혼의 세계를 영원히 떠돌며 후손들이 자기 대신 공덕을 쌓아주기를 바라고, 마음이 산란한 사람이나 새로 태어난 연약한 생명 속으로 뛰어들 기회를 호시탐탐 노린다. 태국인들은 공덕을 쌓는 데 관심이 많은데, 그러려면 콴을 항상 좋은 상태로 유지해야 한다. 그것이 육신과 영혼 간의 관계다.

가치관과 전통

여느 곳에 사는 사람들과 마찬가지로, 태국인들도 변화하고 있다. 물론 전통은 항상 존재해온 그대로 있다. 그렇지 않다면 전통이 아닐 것이다. 그러나 가치관은 더 이상 전통과 완전하게 일치하지 않고, 행동도 항상 가치관과 일치하지는 않는다. 태국은 엄청나게 빠른 속도로 후진국에서 중상위소득 국가로의 이행이 이루어진 나라이며, 그 결과 태국 문화가 대가를 치렀다고 말하는 사람들도 있다.

농촌 마을에서 도심으로 이주한 사람들은 전통적인 통제와 관리 방식에서 벗어나 새로운 공동체와 교육과 일자리를 접했다. 특히나 젊은이들에겐 가슴 벅찬 새 지평이 열려 농촌에 남은 사람들(주로 부모와 조부모들)과는 전혀 다른 목적, 다른 우선순위, 좋은 것과 나쁜 것에 대한 다른 관점을 갖게 되었다.

지금은 농촌에서도 교육과 좋은 도로, 도시로 여행하기 위한 교통 시스템에 쉽게 접근할 수 있다. 또한 거의 모든 집에 TV가 있어 매일 밤 오지 마을에 있는 농가에서 도시에 사는 친척들이 보는 것과 똑같은 드라마를 본다. TV에 나오는 사람 대부분은 잘 교육받고, 멋진 옷을 차려입고, 큰 집에 살며, 값비싼 차를 몰고, 교과서에 나오는 중부 태국어와 영어에서 온 외래어를 섞어 쓴다. 간단히 말하면, 대부분의 태국인은 이제 더 이상 대가족을 부양하기에 충분한 논과 소와 큰 집을 갖는 것에서 인생의 성공을 찾지 않는다.

평균적인 태국인은 여전히 음식과 돈으로 불교를 후원하며, 많은 젊은이는 결혼하기 전에 한동안 승려가 된다. 예전보다는 그렇게 하는 사람이 적어지고 기간도 짧아졌지만 평균적으로 태국 남성들은 약 9일간 출가해 승려로 생활한다.

식생활도 변하고 있다. 오늘날 태국인의 약 10%가 비만이다. 2017년 수행된 한 연구에 따르면 '직업적' 승려의 50%가 비만이었고, 이로 인해 승려의 탁발 그릇에 지방이 적은 전통음식을 담아주도록 권장하는 정부 캠페인도 생겼다.

현대 생활의 물질적 소비를 추구하는 일부 어머니들은 딸(그리고 아들)이 일종의 성매매에 종사하는 것을 못 본 척할 뿐아니라 적극적으로 유도하기도 한다(이 말은 아동 매매에 관한 몇몇 연구의 결과이다). 젊은 성매매 종사자는 대학교수가 한 달에 버는 것보다 많은 돈을 단 3일 만에 벌 수 있다. 성매매는 태국 사회에서 여전히 경제적 사다리의 낮은 칸에서 탈출하기 위한 한 가지 방식으로 쓰이고 있다.

한편으로는 지극히 전통적인 가정 문화도 찾아볼 수 있다(특히 중산층에서). 이런 가정에서는 여자들이 여전히 혼전 순결을 지키고 가족적 가치에 지배 받는다. 이들의 결혼은 경제적 사다리의 같은 칸에 있는 가정들 간에서 이루어지며, 여전히 나쁜 평판은 여자가 좋은 혼처를 찾는 데 불리하게 작용한다. 돈이 미덕이고 미덕이 곧 돈인 사회다.

가족

태국인들에게 가족은 첫 번째 세계다. 안전한 세계이며, 적어도 처음 몇 년 동안은 온화하고 따뜻하고 좋은 세계다. 또한 자신보다 나이가 많거나 높은 사람을 존경하고 복종하도록 배우는 곳이기도 하다.

태국에서는 가족이 사람을 만든다. 태국 사람들은 물리적으로 가족과 아무리 멀리 떨어져 있어도 정신적, 도덕적으로는 평생, 그리고 죽어서도 가족 속에 남는다. 어머니와 딸 사이의 유대는 특히 강하다(인류학자들은 태국 사회에서 상당한 모계적 요소가 있다는 데 주목한다). 딸들은 모든 면에서 어머니를 도와야 한다는 의무감을 느끼며, 태국인들 사이에는 어머니가 나쁘면 딸도 나쁘다는 일반적 믿음이 있다.

존경의 원칙

아이들은 다른 사람의 기분을 배려하면서 순종적이고 예의 바르게 행동하면 사람들이 자신을 더 좋아하고 잘 대해준다는 것을 빠르게 배운다. 이런 행동을 '끄렝짜이 krengjai'라는 한 단어로 요약할 수 있다.

끄렝짜이는 통상 '배려'로 번역되지만 그것으로 충분치 않다. 이는 배려하는 사람이 느끼는 어떤 감정을 뜻하는데, 아버지가 자식들의 행복을 배려할 때는 끄렝짜이를 느끼지 않는 반면 자식이 아버지의 기분을 배려해 마음을 편하게 하는 행동을 할 때 끄렝짜이를 느낀다. 태국 사회에서 배려를 하는 쪽은 아랫사람이다. 끄렝짜이는 지위와 존경에 대한 태국적 위계 시스템과 관련이 있다.

존경의 원칙은 동기간에도 분명하게 나타난다. 동생은 형에게 복종하고, 형은 동생이 하는 행동에 책임을 진다. 가족들 간에 쓰는 호칭을 사회적으로 사용하기도 한다. '피'(형, 오빠, 누나, 언니)는 '농'(동생)에게 항상 우월한 존재다. 여기서 '농'은 친한 친구일 수도, 주유소에서 기름을 넣어주거나 음식점에서 서빙을 해주는 생면부지의 남일 수도 있다. 남편과 아내 사이에서도 서로를 지칭할 때 '피'나 '농'이라는 표현을 쓴다.

마찬가지로 각각 아버지, 할아버지, 형에게 존경을 나타내는 전치사 '루앙'을 붙인 '루앙 퍼', '루앙 따', '루앙 피'라는 호칭을 승려들에게 쓰기도 한다. 또한 '퍼 루앙'은 태국 일부 지역에서 마을 촌장을 가리키는 말이며, 어머니 부엌을 뜻하는 '메 크루아'는 여성 조리사, '메 반'은 가정부를 좋게 부르는 말로 쓴다. '삼촌'이나 '이모'라는 표현도 아무런 생물학적 관계가 없는 사람들끼리 공공연히 쓰곤 한다.

사회적·경제적 단결

태국 가정의 규모는 동양 기준으로는 그리 큰 편이 아닌데 요즘은 보통 부부와 자녀 두 명, 경우에 따라 나이든 부모 또는 삼촌이나 고모 정도를 포함한다. 주거 형태는 부유한 가족이 사는 튼튼하고 화려한 대형 주택부터 가난한 가족이 사는 취약한 대나무 오두막에 이르기까지 격차가 상당하다. 도시에서 그 차이가 더욱 두드러지는데, 주인의 자동차가 경적을 울리면 뛰어나와 대문을 열어줄 가사 도우미를 둔 현대식 저택 옆에 판지와 깡통으로 지은 집이 나란히 있는 경우도 있다.

농촌 가족들은 사회적, 경제적 단결이라는 오랜 전통을 이어가고 있다. 어린 자녀는 잔심부름을 하며 동생들을 돌보고, 나이 든 자녀는 부모를 도와 논밭에서 일하거나 닭을 돌본다.

도시의 가족들은 이렇게 함께 일함으로써 생기는 단결력을 잃어버렸지만 비교적 저임금층 가족에서는 여전히 전체 구성원이 가계에 참여하고 있다. 태국에서 전업주부는 특권층 가정에서나 볼 수 있다. 가난한 도시 가정의 아내와 아이들은 빵을 만들거나, 꽃을 엮어 화환을 만들거나, 폐지와 플라스틱을 수거하거나, 교통 정체에 발목이 잡힌 운전자들에게 신문과 꽃을 파는 등의 활동으로 태국의 '비공식 경제'를 지탱한다.

자녀

태국 사람들은 어린아이를 응석받이로 키운다는 얘기를 충분히 들을 만하다. 아이들은 생후 몇 년 동안 지나칠 정도로 관심을 받으며 응석받이로 자란다. 태국인의 자녀 양육 패턴에 관한 연구를 보면, 이런 방식이 사람을 유쾌하고 온화한 성격으로 만들지만 한편으로는 진취성을 죽이고 탐구심 계발을 저해하는 경향이 있다고 한다. 나는 그 인과관계에 대해서는 확신할 수 없지만 이곳에서 대부분의 아이들이 유별나게 좋은 대접을 받고 자란다는 사실만큼은 알고 있다. 버스를 타면 아이들에게 자리를 양보하는 어른을 흔히 볼 수 있다. 다른 나라에서라면 오히려 아이가 일어나서 어른에게 자리를 양보해야 할 텐데 말이다. 그리고 개인적 발전에 대해서 말하자면, 가족의 규모가 작아지면서 부모가 조기 유치원 입학을 포함해 자식들의 교육에 더욱 집중하게 되었다.

연공서열

연공서열은 태국인의 삶에서 큰 부분을 차지한다. 심지어

지위나 명망 같은 세속적 고려사항을 초월한 승려들도 일렬로 늘어서서 아침 탁발 순례를 할 때 항상 선배 승려가 앞에 서고 후배 승려가 뒤에 선다. 결혼식과 은퇴식, 장례식 등의 예식에 참석한 손님들은 유쾌하고 정중하게 서로를 향해 거의 동시에 거의 같은 높이로 와이를 하는 것 같지만 그 전에 이미 지위 순으로 줄을 서서 주인공을 축복하거나 위로했다.

이런 일들은 그냥 자연스럽게 이루어진다. 사람들에겐 어떤 계급 표시도, 은밀한 신호도 없고 복장도 얼추 비슷하다. 그런데 어떻게 서열을 아는 것일까? 그래서 어떻게, 왜, 그렇게 하는 것일까? 이에 대해 시원하게 말해줄 수 있는 태국인은 많지 않은데, 아마 역사가라면 어느 정도 설명해줄 수 있을 것이다.

사회 구조 이해하기

계급에 대해 말할 때 단순히 상류/중산/노동의 구분에만 익숙한 방문객들은 태국 사회의 계층화된 개별적 방식들에 혼란을 느낄 수 있다. 태국 시스템의 복잡성과 개별성은 태국어를 배우는 녹녹치 않은 과제를 시작할 때 곧바로 드러난다.

태국인들은 모든 언어를 사회적 상황에 맞춰 조정한다. 태국에서 쓰는 경어법의 복잡성을 대략적으로나마 보여주기 위해 인칭대명사 '나'와 '너'에 대한 지위 도표를 덧붙였다(뒷페이지 참조). 이 도표에서만 '너'를 나타내는 11개의 다른 단어가 등장한다.

어떤 사람들은 분명하게 위계 구조의 꼭대기에 있다. 왕과 왕가, 승려(그리고 불상)는 모두 프라(훌륭한 존재)다. 이들은 모든 의미에서 훌륭하다고 여겨지며 태국 세계의 도덕적 관리자 역할을 한다. 거의 모든 태국 가정에는 불상과 승려 사진, 왕

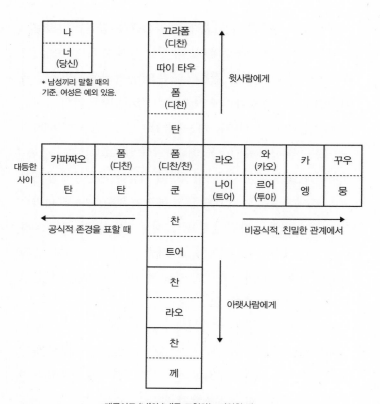

			끄라폼 (디찬)				
			따이 타우		윗사람에게		
			폼 (디찬)				
			탄				
카파짜오	폼 (디찬)	폼 (디찬/찬)	라오	와 (카오)	카	꾸우
탄	탄	쿤	나이 (트어)	르어 (투아)	엥	뭉

나 / 너 (당신)
* 남성끼리 말할 때의 기준. 여성은 예외 있음.

대등한 사이

← 공식적 존경을 표할 때 / 비공식적, 친밀한 관계에서 →

찬 / 트어 / 찬 / 라오 / 찬 / 께

아랫사람에게

태국어로 '나'와 '너'를 표현하는 다양한 말.
정중앙 박스 속의 단어가 가장 중립적인 표현이다.
지위가 불분명한 낯선 사람이나 취한 사람, 교통경찰처럼
위험한 하급자에게 말할 때도 존중을 담아 안전하게 사용할 수 있다.

족 사진이 있다. 이런 필수 구성요소가 없는 세계관은 불완전하다. 개별적 지위체계의 꼭대기에는 공통적으로 합의된 우월함의 요소가 있어야 한다.

지위 추측하기

완벽하지 않고 지위도 분명하지 않은 이방인들의 경우에는 처음 만났을 때 서로의 자리를 찾기 위해 다소 기만적인 태국

식 '한담'을 거치게 된다. 음식점이나 택시처럼 고객이 일시적으로 높은 지위를 점하는 고정적 상황이 아니라면, 사람들은 서로의 상대적 지위를 재빨리 파악해 서열을 정립하려 들 것이기 때문이다.

태국인들은 인간적이고 그래서 얼마간의 '척'이 존재하는데, 대부분 윗사람인 척하기보다는 아랫사람인 척하는 경우가 더 많다. 대표적인 예를 고급 소매점에서 찾을 수 있다. 판매자는 잠재적 구매자의 비위를 맞추기 위해 안 그래도 이미 높임말인 '끄라'와 '폼'을 합쳐 *끄라폼*(남성이 말할 때)이라는 극존칭을 쓴다.

대부분의 영향력 있는 태국인들은 성姓만으로도 지위를 알아볼 수 있다. 태국은 1920년대에 와서야 이름에 성을 넣도록 법제화했는데, 평민 집안의 경우 태국 내에 존재하는 어떤 성씨와도 다른 것을 선택해야 한다. 따라서 몇몇 예외는 있겠지만, 같은 성을 가진 사람들은 어떤 식으로든 서로 관련이 있다고 확신해도 무방하다.

태국인들은 아마도 다음과 같은 기준으로 당신의 지위를 평가할 것이다.

- 외모
- 나이
- 직업
- 임금과 조직 내 지위
- 교육 수준
- 가문
- 사회적 인맥

맨 마지막 두 가지가 가장 중요하며, 그것이 결과적으로 외모와 직업, 임금, 교육을 결정하는 경향이 있다.

칭호

태국의 중요한 인물들은 대부분 왕족이나 공직자, 군인 칭호를 가지고 있다. 20세기 이전에는 왕이 명문가에게 성을 하사했는데 그때의 명문가가 1세기가 지난 지금도 명문가다. 공직자 칭호는 1932년 이래로 주어지지 않았지만 여전히 사회 구성원들 사이에서 인정받는다. 다음은 품계가 높은 순으로 정리해본 칭호다.

- 짜오프라야(아내 쿤 잉)
- 프라야
- 프라
- 루앙
- 쿤

누군가 고유한 칭호를 갖고 있다면 그에게 말을 걸거나 그에 대해 이야기할 때는 '당신, 그, 그녀' 대신에 그 칭호를 쓰

상류층 중에는 왕족 칭호를 가진 사람이 놀랄 만큼 많다. 칭호는 5세대 규칙에 따라 부여되는데, 세대가 내려갈수록 지위와 희소성이 떨어진다. 모든 칭호는 명함이나 초청장에 약자로 표기되어 그것만으로 즉시 지위를 알아볼 수 있다. 왕과 왕비, 왕자와 공주는 모든 서열 위에 있으며, 물론 그들은 명함을 나눠주지도 않는다.
다음은 영문 약자로 표기된 왕족 칭호의 예다.

P.O.C. 프라 옹 차오, 국왕의 손자
M.C. 몸 차오, P.O.C의 자녀
M.R. 몸 라자옹, M.C의 자녀
M.L. 몸 루앙, M.R의 자녀 또는 부인, M.C의 부인

도록 한다. 거기에 성을 덧붙이면 더 좋다. 고위 군인 서열에서도 같은 방식을 따른다. 태국에서는 다른 곳에서보다 이 서열을 이해하는 게 중요한데, 총리를 포함한 다른 중요 인사들 중에 최고위 군인이 많기 때문이다.

자신의 위치 알기

태국에 사는 외국인들은 이처럼 누가 누구인지를 알아내는 지위 게임이 상류층에만 한정되지 않는다는 사실을 곧 알아차리게 될 것이다. 지위가 높은 사람들과 사회적 인맥을 구축하는 것이 많은 중산층 태국인들의 목적이기 때문이다. 인류학자들에 따르면, 호주 원주민들은 도보여행을 하다가 우연히 사람을 만나면 같은 조상을 찾을 때까지 족보를 따진다고 한다. 과거의 공통점이 현재의 협동과 상호작용의 토대가 되기 때문이다. 이런 식으로 낯선 이의 위치를 정하는 과정은 어느 사회에나 존재하며 특히 동양, 그중에서도 태국에서 더 강한 것 같다.

현실적으로 위계 구조의 사다리를 타고 올라갈 가망이 거의 없는 대부분의 태국인에게 이런 지위 게임은 한 수 앞서거나 출세하려는 목적만은 아니다. 오히려 자신의 위치를 알고 그에 따라 행동하기 위해서인 경우가 많다.

성공

대부분의 태국인에게 성공은 일상의 문제다. 자신이 사회적 사다리를 높게 올라갈 것이라고 상상하는 사람은 많지 않으며, 거의 모두가 가장 존경하는 사람으로 승려와 왕족을 꼽으면서도 종교적 측면에서 '성공'을 꿈꾸는 경우는 드물다.

태국 사회에서 왕족 칭호를 얻을 수 있는 사람은 극히 적은 반면, 누구든 승려 생활을 하는 동안은 최고의 존경을 얻을 수 있다. 대부분의 태국 남성은 인생의 어느 시점에 승려 생활을 위해 출가한다. 3개월에 걸친 불교 안식기간 내내 승려 생활을 하는 경우도 있고 대개는 3일이나 3주 동안만 출가한다. 승려가 되는 것은 사회 경력에 도움이 되는데, 어떤 이유로든 승복을 입은 사람에게는 공직의 문이 항상 열려 있다.

대다수의 '보통' 사람들 위에 비교적 소수의 교육 수준이 높고 '성공한' 엘리트가 있으며, 이들이 군대와 공직 사회의 상층부를 차지한다. 진정한 최상위층은 영국이나 미국, 프랑스, 스위스에서 교육을 받은 사람인 경우가 많다.

성공으로 가는 길

일반적으로 태국의 고위 공직자들은 사회적으로 인정받는 가문 출신이다. 또한 방콕에 있는 쭐랄롱꼰이나 탐마삿대학교 또는 치앙마이대학교에서 학사 학위를 받고 외국(주로 미국이나 영국)에서 석사 학위를 땄을 가능성이 높다. 해외에서 돌아오자마자 일시적으로 승려 생활을 하고, 그렇게 함으로써 다시 태국인의 옷으로 갈아입은 뒤 결혼해서 공직 생활을 시작한다. 이들은 주로 가문의 친구인 '후원자'에게 충성을 증명하며, 후원자는 그들을 보살피고 승진을 추천해줌으로써 보답한다.

요즘은 교육을 잘 받았다고 모두 고위 공직자가 된다는 보장도 없다. 그래서 많은 대학 졸업자들이 영자신문에 실린 구인광고를 보고 다국적기업의 관리직에 지원하고 있다. 이런 광고들은 보통 쭐랄롱꼰/탐마삿/해외 대학 학위와 높은 수준의 영어 실력을 요구하며, 고위직의 경우 '사회적 인맥'이 필요하다고 대놓고 명시하기도 한다. 이 마지막 요건이 중요한 이유는 태국에서 외국계 회사가 우위를 확보하려면 인정받는 지위에 있는 태국인 관리자를 통해 이 사회의 전통적 틀 안에 진입해야 하기 때문이다. 그러므로 비즈니스계에서 성공한 태국인은 외국계 기업을 위해 일하는 한편 그들의 전통적 사회 구조를 강화하는 역할도 하는 셈이다.

운

태국은 대규모 도박업과 점술업이 성행하고 있다. 현세와 전생에서의 좋은 행동과 나쁜 행동이 개인의 운명에 영향을 미친다는 업보의 철학, 그리고 장기적인 투자보다 현재를 즐기는 태국인의 성향이 그런 산업을 이끌어온 추동력이다.

도박

태국에서는 도박의 유혹에 빠지기 쉽다. 어디를 가나 복권을 팔고, 버스표에도 복권 숫자가 포함되어 있으며, 심지어 병역 의무도 제비뽑기로 결정한다(검은 글씨 표를 뽑으면 입대를 면하고 빨간 글씨를 뽑으면 입대해야 한다). 가장 가난한 노동자들도 주기적으로 모여(주로 월급날 이후) 몇 바트씩 판돈을 걸고 순전히 운에 의존하는 게임을 하며, 그중에 이긴 한두 명이 일시적으로 흥청망청 즐길 수 있는 기회를 만든다. 이런 놀이에 참여하지 않는 사람은 사회성이 없다고 간주된다.

공식적으로 계획된 것이 아니라면 도박은 불법이지만 그다지 엄격하게 법을 집행하지 않는다. 대부분 사람들에게 도박

방콕 길거리에서 복권 판매소를 구경하는 사람.

은 비교적 저렴한 형태의 오락이며 좋아하는 대화 거리이고, 우승자는 불가피하게 친구들에게 한턱을 내기 때문에 함께 모여 즐거운 시간을 보낼 기회가 생기는 일이다. 물론 도박에 심하게 중독된 태국인들도 있다. 대부분 여성이고 대부분 돈을 잃는다. 닭싸움과 물고기싸움, 격투기 결과에 내기를 거는 등의 일부 도박은 오락거리를 제공할 뿐 아니라 높은 수준의 기술을 요하며, 아예 그것을 직업으로 삼는 사람도 있다.

평균적인 태국인은 종교 활동에 지출하는 만큼의 돈을 도박에 지출하며 그 둘에 직접적 관련이 있는 경우도 있다. 예를 들어 어떤 사람들은 승려에게 시주를 한 뒤 숫자 두 개를 불러달라고 말한다. 그런 다음 끝자리에 이 숫자가 들어간 복권을 구입한다. 또 어떤 사람들은 이보다 덜 공공연하지만 부처님에게 직접 부탁하는 방법을 선호하는데, 사원에서 공양을 하면서 다음 복권이 당첨되게 해달라고 기도하는 것이다.

태국인들은 신령에게도 뇌물을 쓰려고 한다. 내기나 시험, 승진, 구직, 구애에 성공하거나 병이 낫거나 그밖에 운과 관련된 모든 일에 대해서 신령이 만일 초인간적 도움을 준다면 보답을 하겠노라 약속한다.

방콕에서 가장 인기 있는 봉헌 대상은 에라완 사당에 있는 코끼리 신이다. 이 사당은 항상 꽃 무더기로 덮여 있는데, 그 앞에서 전통의상을 입은 연주자와 춤꾼들이 신에게 한 맹세를 지키려는 사람들에게 고용되어 일정 시간 동안 일하며 짭짤한 수입을 챙긴다. 항상 사람들로 북적이는 명소이기 때문에 2015년 8월 테러 공격의 표적이 되기도 했다. 이 폭탄 테러로 외국인 7명을 포함한 20명이 사망하고 123명이 다쳤다.

거의 모든 사원에 비공식적으로 운세를 점쳐주는 승려도 있다. 일반인들도 이런 활동을 한다. 대부분은 단순히 카드를 읽고 손금을 봐주는 데 그치지만 어떤 경우에는 운명을 말해주고 삶을 조율하는 행위도 한다. 이 일은 위험하지만 아주 보수가 좋은 직업이다. 그 자신이 영적 세계와 정말로 소통하고 있음을 입증하기 위해서는 단순히 무아지경에 빠지는 것 이상을 할 필요가 있다. 가장 높은 보수를 받는 사람들은 불 위를 걷거나 혀를 자르거나 칼과 꼬챙이를 신체의 다양한 부분에 관통시킴으로써 주기적으로 자신의 능력을 증명한다. 자신이 중요한 수호신의 보호를 받는다는 것을 입증한 무당은 운세를 말해줄 뿐 아니라 신의 힘을 동원해 개인적인 문제를 해결하거나 소망을 이루어줌으로써 사람들의 운명에 적극 개입한다.

무당이나 심령술사를 통한 운명의 개입은 대개 단기적이고 구체적인 사안에 국한된다. 사람들은 그보다는 항상 종교적 공덕 쌓기를 통해 개인의 업보를 장기적으로 관리하는 것이 중요하며, 그것만이 밝은 미래와 내세로 통하는 유일한 길이라고 믿는다.

시간

태국인들은 꼭 필요한 경우에는 시간을 기가 막히게 잘 지킨다. 점쟁이가 정해준 상서로운 시간에 정확히 맞춰 결혼하고, 아이를 낳으면 나중에 사주를 볼 때에 대비해 정확한 출생 시간을 기록해둔다. 또한 무척 빠르게 움직일 수 있다. 방콕에서 치앙마이까지 버스로 이동해본 사람이라면 버스가 일정보다 빠르게 도착했다고 누구나 말할 것이다.

그러나 대부분의 경우엔 시계를 보는 것이 불필요하다. 특히 동이 트면 일어나 논밭에 나가서 일이 끝날 때까지 머무는 전통적인 농경문화에 익숙한 사람들이라면 더욱 그렇다. 이들에게는 태국의 전통적인 시간 구분법인 새벽, 아침, 아침나절, 정오, 오후(오후 4시 정도까지), 초저녁(오후 4시~6시), 밤(오후 7시~자정) 그리고 한밤중(자정~동트기 전) 정도의 구분이면 충분하다.

농촌에서 시간을 보는 방식은 산업화된 세계에서처럼 엄격히 구분되지 않는다. 같은 시간에 먹고 자고 일하고 노는 것이 섞이는 경향이 있다. '모든 것에는 때와 장소가 있다'는 개념은 태국에서 그리 엄격하게 적용되지 않는다.

행운의 요일과 색상

모든 것에 때와 장소가 있지는 않을지 모르지만, 무언가를 하는 요일과 각각의 요일에 대한 행운의 색깔은 정해져 있다.

요일별 행운의 색상과 이발법

요일	옷 색깔	그날의 이발이 상징하는 것
일요일	빨강	장수
월요일	노랑	행복과 건강
화요일	분홍, 연보라	힘
수요일	녹색	큰 불행
목요일	주황색	천사의 보호
금요일	파랑	많은 행운이 찾아옴
토요일	연자주	중요한 일에서의 성공

　태국의 요일 이름은 다른 많은 나라들과 마찬가지로 행성 이름에서 따왔다. 태국인들은 각각의 행성을 특정한 색깔과 연결 지으며 그 요일에 해당하는 색깔 옷을 입으면 행운이 온다고 생각한다. 물론 패션에 민감한 여성들은 이런 원칙을 고수하지 않고, 공무원들 역시 요일별로 7가지 색상의 유니폼을 입지는 않는다. 그러나 일부 레스토랑에서는 이 원칙을 따르고 있으며, 치앙마이에서는 관료들이 금요일에 마치 농부처럼 보이는 전통적인 파란색 옷을 입고 나타난다.

　특정한 요일에 특정한 일을 하는 것과 관련된 미신도 많다. 아래의 표에 이발과 관련된 미신이 소개되어 있다. 다시 한 번 말하지만 태국 사람들은 더 이상 이런 믿음을 철저히 고수하지는 않는다. 그저 서양인들이 금요일에 출항을 피하는 것과 비슷한 수준으로, 많은 이발소가 수요일에는 문을 닫는다.

흰색

태국인이 흰색을 보는 방식은 두 가지다. 무채색인 흰색은 검은색과 더불어 장례식 때 입는 옷 색깔이다. 그러나 피부 색으로서 흰색은 태국인들이 꼭 갖고 싶어 하는 것의 목록에서 상위를 차지한다. 최대한 하얀 피부는 유럽에서 멋지게 태운 피부만큼이나 높이 평가된다. 태국에 살다보면 오래지 않아 '화이트' '화이트닝' '엑스트라 화이트' 같은 단어의 위력에 놀라게 될 것이다. '새로운' 같은 광고 문구는 잊자. 잘 팔리는 문구는 '화이트'다.

달력

태국에는 달력이 세 가지 있다. 양력과 음력, 그리고 석가모니가 열반한 해를 기준으로 하는 불기다. 오늘날 음력은 종교적 의식의 날짜를 정할 때만 이용한다.

1941년까지 태국에서는 양력 4월 1일을 새해의 시작으로 여겼다. 지금은 새해가 1월 1일에 시작되지만 태국 설날인 송크란 축제는 여전히 매년 4월 13~15일에 열린다. 여기에 불기 佛紀까지 더해져 혼란이 가중된다. 다행히 지금은 불기와 양력만 공식적으로 이용하며, 두 가지 모두 익숙한 1월 1일에 시작된다(이웃한 라오스에서는 불기가 4월 14일에 시작된다). 책이나 기사에서 연도를 불기로 표시하는 경우가 종종 있는데, 그 숫자에서 543을 빼면 양력 연도다.

돈

태국인들은 스스로를 후하고 관용적이며 안분지족하는 사

람들, 즉 중국이나 일본, 서양 사람들과 비교할 때 세속적 야망이 크지 않고 직접적인 경쟁 상황에 들어가는 것을 그다지 내켜하지 않는 사람들이라고 본다. 외국인 방문객들도 태국인에 대해 정신적 부유함이 물질적 소박함을 상쇄하고도 남는 행복한 사람들이라고 보는 편이다.

태국인들은 분명 후하고 친구들에게 대접하는 것을 좋아한다. 그러나 그들의 이타적 행동에 이해타산이 전혀 없는 것은 아니다. 그런 행동을 통해 본인의 위상이 높아지고 친구들의 든든한 인맥을 얻는다. 일관되게 후할 수만 있다면 주변의 명성을 얻어 신뢰와 돈에 접근할 수 있는 위치에 도달할 수도 있다. 이런 유형의 행동은 인류학자들이 공감주술(sympathetic magic)이라고 부르는 것에 가까운데, 태국인들 사이에서 그 예를 얼마든지 찾을 수 있다. 1년 중 가장 덥고 물이 부족한 달인 4월에 태국인들은 송크란 축제를 열어 흥청망청 물총놀이를 벌인다. 일부 농촌 지역에서는 몇 주씩 축제가 이어지기도 하는데, 왜 이럴까? 사실 이 축제는 물을 사방에 뿌림으로써 물을 불러들인다는 취지에서 만들어졌다. 태국인들은 종종 돈을 가지고도 비슷하게 행동한다. 송크란의 경우, 건기 막바지에 오기 때문에 당연히 비를 불러들인다. 그러나 불행히도 흥청망청 쓰는 것이 항상 재물을 불러들이는 것은 아니다. 만일 그랬다면 태국인들은 아주 부자가 되었을 것이다.

폭력

태국에서는 어떤 형태의 폭력도(물리적 폭력이든, 언어폭력이든, 정신적 폭력이든) 용인되지 않는다. 지각 있는 사람은 할 수만 있다면 폭력이 일어날 상황에 아예 발을 들여놓지 않거나, 그런 상황이 발생하는 것을 막거나, 만일 피할 수 없다면 완화시키는 방식으로 행동한다.

냉정함

충돌 회피는 '짜이옌jai yen'이라는 태국어 표현으로 개념화할 수 있다. 문자 그대로는 '차가운 마음'을 뜻하며 분노와 불만, 초조함을 공공연히 드러내는 짜이론jai rohn('뜨거운 마음')의 반대말이다. 어떤 상황에서건 짜이옌 반응은 좋고 짜이론 반응은 나쁘다. 냉정함을 잃으면 존경심도 잃는다.

충돌을 피해야 한다는 사회적 압력이 워낙 강하다 보니 부당함이나 학대를 겉보기에 순종적인 태도로 용인하는 경우도 있다.

피상성

좋을 때는 끄렝짜이(배려)의 태도와 짜이옌(냉정함)의 반응이 조화로운 사회를 만드는 듯 보인다. 안전한 일류 호텔과 건전한 왕실 사원으로만 경험이 국한되는 외국인 방문객들에게는 이것이 아주 매력적으로 보일 수 있다. 그러나 태국에 장기적으로 머무른다면 이런 조화가 표면적이라는 사실을 알게 될 것이다.

피상성, 즉 어떤 관계의 표면적인 행동을 바라보는 방식에서 태국인과 외국인은 다를 수 있다. 서양에서는 진짜 '의미'는 표면 아래 어딘가에 있다고 생각한다. 표면에도 의미가 있지만 그게 전부는 아니라는 것이다. 태국에서도 마찬가지인데 차이가 있다면, 태국인은 보다 깊은 의미를 찾지 않고 표면적인 현실을 받아들이는 경향이 있다는 점이다. 어떤 의미에서는 표면이 의미를 띠고, 당사자들의 동기나 감정이 어떻건간에 표면적 조화가 진정한 조화로 받아들여진다. 나는 그것이 그리 위선적이라고 생각하지 않는다.

표면적 조화

태국인들이 표면적 조화를 지키려 하고, 갈등을 해결하기보다 아예 피하려 하는 데는 합당한 이유가 있다. 첫째, 태국인의 40%는 여전히 농촌 마을에서 매일 가까이 접촉하고 주기적으로 협력하며 산다. 둘째, 불교의 교리는 중용을 미덕으로 여긴다. 사랑과 증오는 동전의 양면과 같으며 조심해서 다뤄야 한다. 세 번째 이유는 태국 불교와 공존하는 영적인 믿음에서 나온다. 분노는 집과 땅의 신령을 노엽게 해 불운을 가져온다는 믿음이 그것이다. 넷째, 대체로 오지 공동체에서는 갈등 회피의 규범을 준수해야 한다는 사회적 압력이 성문법과 징벌을 대신하기 때문이다.

분노와 갈등

분노를 대놓고 표출하는 개인은 공동체를 위협한다. 이런 인과관계에 대한 태국식 설명은 영혼의 세계와 관련이 있다. 인간의 분노는 신령들의 분노를 불러들인다. 신령들은 죽이고 싶은 사람 한 명을 죽이기 위해 무고한 군중에게 수류탄을 던지는, 짜이론에 사로잡힌 술 취한 사람처럼 행동한다. 홍수와 가뭄, 기아, 전염병의 형태로 공동체 전체에 마구 분풀이를 하는 것이다.

태국인의 세계관은 전통적으로 폭력과 비극이 자연적으로

발생한 것이건 인간에 의한 것이건간에, 근본적으로 인간의 분노에 의한 결과로 본다. 농촌 공동체에서 이런 세계관은 완벽하게 논리적이다. 분노는 공동체에 지장을 준다. 홍수를 통제하고 마을을 가뭄으로부터 구원하고 기아와 영양실조, 전염병의 가능성을 줄여줄 관개시설 건설 같은 중요한 활동에서 협동을 해친다. 또한 공동체 내에서 분노는 외부 공격으로부터의 자기방어 능력을 저하시킨다. '신령 달래기'라는 개념으로 뒷받침되는 갈등 회피의 사회적 규범은 지극히 실용적인 기능들을 수행한다.

반면에 도시 환경은 개인들을 공공의 의견과 관련된 많은 제약으로부터 해방시켰다. 재앙에 대한 현대적 설명과 해결책은 영혼 세계의 힘에 대한 믿음을 약화시킨다. 그리하여 오늘날 어느 대도시에서나 분노와 폭력이 일상생활의 일부가 되었지만, 한편으로는 심지어 무정부주의적인 방콕에서도 짜이옌의 행동과 신령 달래기 전통을 아직도 분명하게 볼 수 있다. 마을 공동체의 합의는 줄어들고 있지만, 냉정을 유지할 수 있는 사람들이 여전히 친구와 동료로부터 존경을 얻는다.

자제력

짜이옌은 대도시가 산산조각나지 않도록 유지해준다. 만원 버스 안의 고요한 얼굴들, 갑작스러운 소나기를 피해 비가 그치기를 한 시간씩 기다리는 사람들, 작열하는 태양을 피할 수 있는 유일한 피난처인 가느다란 가로등 기둥의 그림자를 따라 줄지어 서있는 여학생들…. 짜이옌은 사람들의 자제력이며, 수동적이지만 깊숙이 자리 잡은 개인주의와 실존주의, 곧 인간의 존엄성의 표현이다.

짜이옌은 종종 냉정함을 뜻하는 프랑스어 'sang-froid'에 비유된다. 하지만 후자는 갈등에서 미덕을 찾는, 흥분하기 좋아하는 시민들로 유명한(그리고 그것을 자랑스럽게 여기는) 나라에서는 지극히 예외적인 반응이다. 프랑스인 총사는 결투에서 싸워 연적을 죽이고 냉정을 유지하며 여인을 차지할 수 있을 것이지만, 태국인에게 있어 그런 폭력 행위는 짜이론이고 그는 싸우면서 냉정을 유지할 수 없다. 그리고 싸움이 시작되는 순간 여인이 달아날 가능성이 크다.

나는 짜이옌을 '삼가기' '조심성' 정도로 해석되는 영어 'reserve'의 측면에서 본다. reserve는 세심하게 계획된 불개입이며, 불쾌하거나 불쾌해질 수 있는 상황을 의식적으로 피하는 것이다. 짜이옌과 reserve 모두 자발적 행동을 스스로 제약하고, 둘 다 이따금 깨지기도 한다. 둘 사이에 주된 차이는 reserve가 깨지면 우정으로 발전하는 반면, 짜이옌은 우정과 완벽하게 양립하며 그것이 깨지면 폭력으로 발전한다는 것이다.

뜨거운 마음

가면이 벗겨지고 마음이 끓는점에 이르면 폭력이 뒤따른다. 불행히도 모든 마음은 저마다 다른 온도계를 갖고 있다. 보통은 곧 폭력 상황이 있을 것이라는 신호가 있지만 이 신호가 외국인에게는 즉시 감지되지 않을 수 있다. 정중했던 말투가 점점 덜 정중해지다가 아무 대답 없는 시점에 이르고, 급기야 당신을 가리킬 때 동물과 물건에 사용하는 2인칭 대명사 '께'를 사용한다. 아니면 누군가 짜이론을 느끼지만 끄렝클루아(두려움) 상태를 유지할 수 있다면, 문을 쾅 닫거나 '실수인 척' 유리잔을 쳐서 떨어뜨리거나 주차된 오토바이 시트를 뜯거나 아이에게 고함치거나 개를 걷어차는 등, 가까이에 있는 다른 대상에게 폭력을 분출할지 모른다.

요즘은 노골적인 폭력이 너무 자주 일어난다. 영국의 타블로이드판 신문만큼이나 선정적인 태국의 신문에는 아내가 남편을, 직원이 사장을 공격한 기사들로 가득하다. 그런 공격의 상당 부분은 분노가 오랫동안 쌓여 있다가 내적 통제력을 갑자기 잃은 결과다. 최근에는 아내가 잠자는 남편의 성기를 절단하는 사건이 급증한 것처럼 보인다. 이보다 더 빈번하게 발생하고 외국인 방문객에게 직접적인 걱정거리로는, 돈 몇 바트를 받고 개를 독살해주거나 몇 천 바트에 사람을 불구로 만들어주거나 몇 천 바트를 더 받고 살인까지 해주는 청부업자를 고용하는 상황이다. 태국인과 긴밀하게 접촉하며 태국에서 한동안 생활할 생각이 있는 외국인이라면 짜이엔의 한계를 알고 이해하는 것이 중요하다.

신령

태국인들이 신령을 바라보는 방식은 그들이 인간을 보는 방식과 아주 흡사하다. 어떤 신령은 신뢰하고 존경할 수 있는 반면, 어떤 신령은 신뢰할 수 없고 두려움의 대상이며 달래지지 않을 것 같으면 피하는 게 상책이다.

신뢰하는 신령은 가족 구성원이 되어 가족의 집에서 살 수 있다. 이런 신령들을 피르안(가신)이라고 한다. 특히 북부 지방에서는 이런 신령들을 죽은 가족이라고 여겨 종종 집안 내에 특별한 거처를 마련해준다. 주로 실내 벽에 설치한 높은 선반이다. 사람들은 조상을 위해 이 선반에 생화와 음료를 바친다.

이런 신령들의 임무는 가족의 안녕을 돌보는 것이며, 가족들은 어려운 일이 있을 때마다 그들에게 특별한 도움을 청한다.

신당

태국 중부에서는 집안에 가신을 위한 특별한 거처를 두지 않기 때문에, 방콕에 사는 젊은이들이라면 그런 얘기를 들어본 적도 없을지 모른다. 그러나 거의 모든 태국인이 프라품(토지신)에 대해서는 들어봤을 것이다. 토지신은 구내 한쪽 구석에 지어둔 신당(산프라품)에 산다. 신당을 지을 정확한 장소와

작은 새집처럼 생긴 산프라품.

시간은 점술가와 상의해서 결정하곤 하는데, 주로 나무나 콘크리트 기둥 위에 존경심을 보일 만큼 높으면서도 공물을 바칠 수 있을 정도의 높이로 짓는다.

신당은 보통 작은 사원 같은 형태를 띤다. 서양의 새집처럼 보일 수도 있지만 새들이 감히 차지할 수 없다. 프라품이 용납하지 않기 때문이다. 나무를 조각하거나 점토를 빚어 만든, 프라품을 상징하는 한두 개의 조각상이 안쪽 벽을 등지고 문을 향하도록 배치되어 있다.

맹세하기

소원을 빌며 맹세하고 소원이 이루어지면 맹세를 지키는 습성은 방콕의 다양한 사당에서 볼 수 있다. 매일 지나치던 사당이 갑자기 꽃으로 뒤덮여 있는 것은 그래서다(누군가 복권에 당첨되었거나 시험에 합격한 것이다). 멋지게 조각된 작은 코끼리들은 신령이 목요일에 하늘에 있는 신에게 여행을 갈 수 있도록 마련된 것이다. 거기서 한 마리를 슬쩍 했다가는 큰 액운이 따를 수 있다.

신령/귀신의 유형

가신과 토지신 외에 다른 존경받는 자연의 신령으로는 쌀과 물, 나무, 바람의 신령이 있다. 이들은 각각의 환경에 대한 특정한 힘을 갖고 있으며, 특정한 영향력이 미치는 범위 내에서만 도움을 제공한다. 사람들은 풍작을 기원하며 벼를 심고 추수를 할 때 쌀의 신령에게 정성을 바치지만, 아무리 정성이 지극해도 쌀의 신령이 집을 보호해주지는 못한다. 그것은 토지신 프라품의 몫이다.

불행히도 영혼의 세계에 속하는 구성원들 중에는 이들에 비해 예측하기 힘들고 유동적이며 훨씬 더 위험한 것이 많다. 바로 환생하지 못한 망자들의 귀신이다. 개중에는 좋은 귀신도 있지만 대부분은 환생하려면 한참동안 기다려야 할 골치 아픈 존재들이다. 어떤 귀신은 다른 귀신보다 강력하지만, 어쨌든 이 세계는 인간 세상만큼 위계가 잘 정립되어 있지 않다. 하지만 이들도 인간과 마찬가지로 뇌물에 반응한다. 뇌물을 많이 바칠수록 더 많이 힘을 써준다.

예술

전통적으로 태국인이 예술을 바라보는 방식은 기능성과 관련되어 있었다. 기능적인 것이 곧 아름다운 것이고, 예술가는 곧 공예가였다. 기능적인 물건을 더 아름답게 만들 수는 있지만 그것은 어디까지나 전통적인 미학적 관점의 범위에서만 허용되었다. 아름다움을 위해 기능성이 희생된다면 누구도 그 사람의 바구니나 코코넛 분쇄기를 사지 않을 것이다.

태국에는 르네상스가 없었고, 따라서 형태에 대한 평가와 감상에 있어서 뚜렷한 변화의 시기가 없었다. 태국인들은 부처의 삶에 대한 이야기로 사원을 짓고 장식했다. 문과 덧문에는 모두가 알아볼 수 있는 익숙한 신화 속 인물들이 조각되었다. 건축가와 화가, 조각가, 작곡가, 무용가, 가수, 작가들은 모두 공예가이며 교육자였다. 그들은 작품을 만들거나 공연을 하고 기술로 인정받았지만 스스로를 창조자라고 생각하거나 자신의 작품에 이름을 달지 않았다. 그들은 변화가 아닌 연속성의 도구였다. 태국 예술은 재료와 기법, 수단이 변함에 따라

뺌이 아닌 더함에 의해 발전했다. 아주 최근까지 순수 공예가 완벽함의 본질로 받아들여졌으며, 우리 세대에 와서야 태국의 미술은 일상적인 노동이나 종교 생활과 분리되어 기능성 없이도 의미 있는 존재로 독보적 위치를 인정받게 되었다.

풍부한 수량과 비옥한 땅이 있는 동남아시아 지역은 인류의 정착지가 최초로 형성된 곳 중 하나다. 현재의 태국, 라오스, 캄보디아, 베트남은 1만 년 전 영구적인 집단을 이루어 살았던 초기 농경민의 본거지였다. 이 정착지들은 아마도 세계 최초의 쌀 재배지였을 것이다. 또한 그들은 구리를 캐고 청동을 제련한 최초의 인간이며, 연장을 비롯한 기능적 가치가 있는 물건과 장식적인 물건들, 물고기와 배가 새겨진 유명한 청동 북처럼 유사 종교적 가치를 지닌 물건을 포함한 청동 및 철 가공품을 생산한 최초의 인간 중 하나였다.

'반치앙'이라는 이름으로 알려진 태국 북동부 우돈타니 지방은 유네스코 세계유산 유적지다. 이곳은 특히 지금으로부터 약 3100년 전에 생산된 것으로 추정되는 붉은색 장식 도자기로 유명하다. 시간을 빨리 돌려 17세기로 넘어가면 태국 왕실 도자기 벤자롱(5색)이 중국의 검은색, 흰색, 3색 도자기와 경쟁했다. 그것은 절대 기능적인 작품이 아니었다. 한 점 한 점 만들 때마다 엄청난 시간과 기술이 들어갔고, 장식된 물건의 진가를 알아볼 수 있는 소수의 왕족들만 향유할 수 있었다. 기능성 없이 소유자의 지위를 반영하는 역할을 했기 때문이다. 20세기 미술품 경매에서는 벤자롱과 태국의 다른 도자기가 고가에 팔렸다.

선사시대의 영광에 대해 얼마든지 더 얘기할 수 있지만 기본적으로 이 책은 오늘날의 태국 문화에 관한 내용이다. 영국인들이 온몸에 푸른 칠을 하고 다닐 때(고대 유럽 북방민족에게 파란색은 전쟁에 나서는 전사들이 적을 위협하고 공포를 불러일으키기 위해 몸에 칠하는 색이었다) 이런 대단한 작품들이 현재 태국으로 알려진 지역에서 생산되었다는 정도만 말해도 충분할 것이다.

불교 건축

불교는 8세기부터 인도 남부와 스리랑카에서 지역의 전통 예술과 함께 태국으로 들어왔다. 초기 불교 사원은 캄보디아, 라오스, 태국 북동부로 관광객을 꾸준히 끌어들이는 사원들처럼, 대체로 기존 애니미즘 건물들 속에 자리 잡았다. 이는 당시에 종교적 변화가 비적대적으로 이루어졌으며, 새로운 종교가 기존 종교를 상당 부분 흡수 통합했음을 암시한다.

이후 불상을 모시는 특징적인 본당과 높이 솟은 지붕, 그리고 시암에서 발견된 주요 언어들과 흡사한 다양한 문자로 쓰인 패엽경을 보관하는 별도의 서고 건축 등을 특징으로 한 독특하고 새로운 사원 양식이 발전했다. 우본랏차타니에 있는 유명한 왓 퉁시무앙의 서고는 지붕이 여러 층이며, 건물이 연못 위에 떠 있는 구조다. 사원의 중요한 자료를 보관하는 서고 건축물은 이처럼 보안을 위해, 그리고 소중한 원고들을 개미와 그밖에 책을 좋아하는 다른 것들로부터 보호하기 위해 지면에서 먼 고상 가옥 형태로 지어졌다. 이런 건물들은 경전과 읽고 쓰는 능력에 대한 태국인들의 존경심을 반영한다.

불상을 모시는 봇(본당)의 내부와 불상 자체는 매우 정교한 것부터 마을 사람들이 지은 소박한 것까지 다양하다. 돌로 만든 오래된 형태의 사원들이 여전히 존재하며, 많은 경우 관광 목적으로 복원되었다. 오래된 왓(사원) 중에 여전히 사원으로

우본랏차타니에 있는 왓 통시무앙의 서고 건축물. 연못 위에 세워졌다.

고대 문자인 팔리어로 쓰인 패엽경.

기능하는 곳은 비교적 소수다. 이는 사람들이 공덕을 쌓는 주된 방법으로 새 사원을 지을 돈과 노동력을 보태고 있기 때문이다. 태국 사람들은 오래된 사원을 보존하느라 애쓰기보다는 차라리 새 사원을 짓는 것을 선호해 낡아서 비가 새는 사원을 허물고 그 자리에 똑같은 사원을 짓곤 한다.

몇몇 예외는 있지만 신축 사원은 기존 사원의 양식을 그대로 따른다. 다양한 크기와 양식으로 지어진 많은 불상들도 마찬가지다. 돌이나 나무를 깎아 만들었건, 청동이나 철을 성형해서 만들었건, 전통적인 불상은 몇 가지 정해진 양식 내에서 그 윤곽을 따른다. 불교 건축에 있어 형태의 혁신은 권장되지도, 금지되지도 않지만 그다지 좋게 평가되지 않는 편이다.

사원들의 벽과 지붕 내부, 기둥은 석가모니의 삶이나 고대 인도의 서사시 〈라마야나〉와 종종 민간 설화의 장면을 묘사하는 벽화들로 채워져 있다. 오늘날 미술을 공부하는 학생들은 훈련의 일환으로 이 벽화들을 모사한다. 이것이 전통을 이어가는 데는 도움이 되지만 새로운 형태의 표현이 발전하는 것을 저해한다는 의견도 있다.

민속 예술

태국의 민간 예술은 일상생활에서 사용하는 기능적인 물건들과 직접적으로 연결되어 있다. 기능이 더 이상 필요하지 않거나 기술 발전으로 인해 똑같은 일을 더 빨리 해낼 수 있는 수단이 도입되면 물건들은 버려지거나 새로운 등가물로 교체되었는데, 새로운 물건은 당연히 미학적 측면이 부족하거나 더 이상 사용자가 아닌 생산자가 만들어낸 대량생산의 가치에 걸맞는 것들이었다.

끄라따이 kradai('토끼')는 코코넛 강판을 뜻하는 말이다. 토끼 모양으로 만든 전통적인 강판 모양에서 그 이름을 따왔다. 이 아름답고 기능적인 도구는 20세기 중반에 주로 사용되었으며 내구성이 좋아 집, 가축, 전답 등과 함께 대물림되었다. 농부가 토끼 등에 앉아 토끼 입에 달린 금속 강판으로 코코넛을 가는 모습을 상상해보라. 20세기 후반에 들어서는 쌀을 빻으면서 같은 시간, 같은 장소에서 기계로 코코넛을 갈기 시작했다. 예전 같으면 한 시간의 힘든 노동이 필요했을 일을 기계 두 대

옛날 끄라따이(위)와 오늘날 끄라따이(아래).
옛날에 만들어 쓰던 도구의 토끼 모양에서 그 명칭이 생겨났다.

가 몇 분 만에 해냈다. 손으로 코코넛을 가는 농부가 줄어들면서 옛 물건에 대한 수요가 줄어들었고, 똑같이 기능적이지만 덜 미학적인 현대식 끄라따이로 대체되었다. 옛날 물건 중 소수는 골동품 상점으로 갔지만 대부분은 버려지거나 땔감이 되었다. 이와 비슷하게, 대형 바퀴를 달고 뒤에 코끼리가 새겨진 소달구지도 똑같은 운명에 처해 석유를 동력으로 하는 트럭으로 대체되었다. 오늘날 박물관 밖에서 살아남은 제품들은 민속 예술품으로써 좋은 값을 받고 있다.

민속 예술은 의류 제작으로도 확대되었다. 사람들이 입는 옷은 타이족을 비타이족과 구분짓고, 보다 큰 차원의 '태국인' 정체성 내에서 민족적 정체성을 즉시 식별해내게 했다. 20세기 이전까지 태국 비단은 중국 비단, 고급 도자기와 마찬가지로 귀족들의 전유물이어서 태국 내에서 널리 사용되지 못했다. 20세기 중반만 해도, 특히 북부와 북동부 마을에서는 농민들이 고상가옥 아래에 베틀을 두고 직접 천을 짜서 옷을 만드는 것이 일반적인 풍경이었다. 이미 많은 의류가 대량생산되어 만드는 것보다 사는 편이 경제적이었지만, 여성들은 계속해서 농한기에 타이족의 정체성을 표시하는 '씬sinh' 치마를 손수 짜서 입었다.

20세기 중반까지 태국 가정에서 발견되었을 법한 거의 모든 물건이 민속 예술에 해당한다. 당시엔 옷을 옷걸이에 거는 방식이 아니라 개켜서 보관하기 위해 선반이 달린 장식 옷장이 필요했다. 여성들이 바닥에 앉아 머리를 손질하는 낮은 화장대, 가족들이 둘러앉아 식사를 하는 등나무나 나무로 만든 '깐똑' 밥상, 그리고 티크나 다른 단단한 목재를 조각해서 만든 패널 벽 등이 대표적이다. 이제는 골동품에 향수를 느끼는 중산층 가정에서나 그런 물건을 찾아볼 수 있을지 모른다. 이 역시 매우 이례적인 경우이며, 대부분 가정에서는 태국판 이케아 조립용 가구를 사용한다.

품질 좋은 목재가 부족해짐에 따라 대안들이 더 빨리 나왔고, 대량생산 시스템이 사용자를 제작자로부터 멀어지게 만들었다. 옷이며 각종 생활도구, 이불, 장신구, 아이들이 날리는 연에 이르기까지 모든 것을 직접 만들거나 공예가에게 주문하는 것보다 사는 편이 더 싸고 쉬워졌다. 미학은 여전히 집단의 영향을 받지만(이웃이 좋아하기 때문에 무언가를 좋아한다) 이제 그 집단의 취향이 전국의 시청자에게 TV로 광고되는 대량생산 제품들의 영향 아래에 있다.

태국의 문학

기능적 민속 예술의 종말과 함께, 한때 전통적 목각과 불교 및 도자기 예술이 탁월했던 태국은 모든 예술 분야에서 뒤처지게 되었다. 20세기 문학에서의 몇몇 성공적인 시도는 유럽에서 이미 성공한 사례를 태국 환경에서 재현하는 데 그쳤다. 아마도 가장 좋은 예는 큭릿 쁘라못(1911~1995)의 소설《붉은 대나무Phai Daeng》일 것이다. 그는 옥스포드에서 교육받고 태국 하원의장을 역임, 1975~76년에 총리까지 지낸 인물이다. 1963년도 영화 〈어글리 아메리칸〉에 말론 브란도와 함께 출연하기도 했다. 큭릿은《붉은 대나무》가 이탈리아를 배경으로 이탈리아인이 쓴 베스트셀러 소설《돈 카밀로》시리즈를 모델로 했다고 인정했다. 가톨릭 마을 신자들이 그리스도에게 말을 거는 사제와 공산당 노선을 따르는 시장 사이에서 선택을 할 상황에 놓이는 이야기다. 큭릿의 소설 속 사람들은 공산당

과거와 현대가 아름답게 공존하는 도시, 방콕. 해뜰 무렵에 왕궁과 주변 사원들이 신비로운 빛을 뿜어내고 있다.

태국은 인구 대부분이 불교를 믿는 나라이며, 불교는 종교 이상으로 태국인의 일상과 가치관을 지배하고 있다.

방콕 시내를 걸어 다니는 가장 안전하고 보편적인 방법. 주요 BTS 역과 쇼핑몰이 대부분 쾌적한 워크스루로 연결되어 있기 때문에 지상으로 내려갈 일이 거의 없다.

단거리용 택시로 제법
인기 있는 툭툭.

노선의 마을 촌장과, 불상에게 조언을 구하는 사원 주지승 사이의 유머 넘치는 대결에 개입하게 된다. 노골적인 모방임에도 불구하고 등장인물과 줄거리를 태국의 시골 불교 마을로 옮긴 솜씨가 뛰어났고 영어 번역본이 출판될 정도로 큰 성공을 거두었다. 큭릿은 곧이어 대하소설 《왕조사대기 Sii Phaen Din》를 썼다. 그것은 소설이지만 사실에 기반하고 있다.

외국어로 번역된 소설을 쓴 다른 작가는 거의 없다(피라 쑤담 Pira Sudham은 아예 영어로 소설을 쓰는 쪽을 선택했다). 태국 작가들은 인구가 많음에도 최고의 베스트셀러 소설이 《해리 포터》 번역서인 나라에서는 자국 문학의 독자 수가 크지 않다는 것을 안다. 태국을 배경으로 한 많은 현대소설이 있지만 거의 대부분 태국에서 살고 있는 서양 작가에 의해 쓰였다. 저렴하게 출판되어 태국인들이 읽는 소설은 주로 로맨스 소설로, TV 드라마로 각색되는 일이 빈번하지만 문학상은 타지 못했다. 20세기 하반기에 태국 어디서나 볼 수 있었던 이런 대중 소설들도 그것을 팔던 태국 서점들과 함께 사라졌고, 워크맨과 휴대전화 게임이 통근길 심심풀이의 역할을 대신했다.

몇몇 예외는 있지만, 태국의 20세기 회화와 조각은 '태국적'인 것이 별로 없었다. 그러다가 하루아침처럼 보이는 짧은 시간 동안에 현대 태국 예술이 갑자기 폭발적으로 터져 나왔다.

태국의 현대미술

21세기에는 런던과 프랑스, 네덜란드, 캐나다, 미국 등지에서 예술 공부를 하고 해외에서 성공한 태국인 예술가들이 적어도 일시적으로는 모두 돌아온 것처럼 보였다. 그 직접적인 결과로, 젊은 태국인들이 태국인 예술가를 롤모델로 삼게 되었다. 무엇보다 중요한 사실은 이 '귀환자'들이 태국적인 것들을 재발견하고 찬양하는 데 열정을 보였다는 것이다.

리크리트 티라바니자Rirkrit Tiravanjia는 세계의 100대 예술가 중 한 명으로 꼽힌다. 그는 1961년 부에노스아이레스에서 태국 외교관의 아들로 태어나 토론토, 시카고, 뉴욕에서 수학했다. 거의 모든 서양의 수도에서 전시회를 열어 성공을 거둔 그는 특이함으로 명성을 얻었다. 세 번에 걸쳐 평범한 태국 요리를 내세운 전시회를 열었는데, 참석한 사람들이 전시물을 먹음으로써 전시에 참여하는 방식이었다. 또 한 번은 전시장 입구를 벽돌로 막았는데 그 막힌 입구가 전시물이었다. 그는 현재 치앙마이 도이수텝 산자락에서 살고 있으며, 치앙마이에서 20킬로미터 떨어진 넓은 땅에 예술과 농업을 겸하는 공간을 갖고 있다.

20세기가 거의 끝나갈 무렵, 태국 북부 출신의 문제적 작가 찰름차이 코싯피팟Chalermchai Kositpipat은 고향인 치앙라이의 다 허물어져가는 사원에 가서 주지승에게 말했다. "제가 사원을 개조할 수 있게 해주십시오. 비용은 전부 제가 대겠습니다. 이 사원은 유명해져서 매년 사람들이 수천 명씩 찾아올 겁니다." 그는 약속대로 오래된 사원 왓 룽쿤을 화이트템플로 변신시켰고, 그곳은 현재 태국에서 방문객이 가장 많이 찾는 사원이다. 일부 비평가들은 화이트템플 내의 전시물을 19세기 '최악'의 엽기적 예술가 윌리엄 블레이크와 살바도르 달리의 작품들에 비유함으로써 찰름차이에게 의도치 않은 찬사를 보내고 있다.

화이트템플은 분명 조각으로 표현한 우화다. 선명한 흰색은 불교의 순수성을 상징하고, 거울은 석가모니의 지혜를 상징한다. 고통의 강 위에 놓인 다리가 지옥(사람을 붙잡아 끌어내리

왓 롱쿤을 현대적으로
개조한 화이트템플.
사원으로 이어지는 다
리 밑에서 위로 뻗은
손들이 인상적이다.

려는 수천 개의 손들)과 천국(사원 자체)을 가른다. 사원 내부에는 전통적인 불교 이미지들을 재해석한 벽화가 있다. 선과 악의 싸움이 슈퍼맨과 배트맨, 빈 라덴, 맥도날드, 조지 부시의 싸움으로 묘사되어 있다.

찰름차이는 태국의 예술이 얼마나 변화했는지를 보여준다. 또한 예술적 관용의 정신이 신성한 존재들로까지 확대되었음을 그의 작품을 통해 알 수 있다. 지금까지 누구도 찰름차이의 엽기적인 조각과 그림이 신성모독이라고 비난하지 않았다. 화이트템플을 만들기 4년 전에 그는 런던에 있는 태국 불교 사원에서 벽화를 그렸다. 이 작품들이 더 안전했을 텐데도 오히려 비난을 받았었다.

독실한 불교 국가에 하나의 우화적 사원만으로는 충분치 않다는 듯, 치앙라이에는 블랙하우스 또는 블랙템플이라 불리는 반담이 또 들어섰다. 이것은 찰름차이와 마찬가지로 괴짜 건축가인 타완 두차니 Thawan Duchanee(2014년에 사망)의 발명품이며, 불교 철학에 대한 그의 개인적 해석을 내포하고 있다(어두운 이미지를 통해 질병, 늙음, 사망을 표현).

나콘시탐마랏 출신의 비교적 젊은(1988년생) 예술가 파나판 요드마니 Pannaphan Yodmanee도 주목할 만하다. 그녀는 아주 전통적인 방식으로 시작해 사원 예술을 혁신해나갔다. 부서진 사원 잔해들이 사원과 탑 모형들을 짓누르고 있는 '잔해 더미'로 2016년 싱가포르 비엔날레에서 베네스 상을 수상했다.

아트 갤러리

21세기 태국의 예술 현장에 불어온 혁명에 가까운 바람을 태국의 아트 갤러리들에서 확인할 수 있다. 유명한 갤러리는 대부분 방콕에 있다.

- 짐 톰슨 아트센터 Jim Thompson Art Centre (동남아시아의 현대 예술)
- 방콕 시티 갤러리(코라크릿 아룬나논차이 Korakit Arunanondchai, 만화가 위수트 폰미니트 Wisut Ponnimut)
- 사톤 로 N22 블록에는 아티스트+런 갤러리와 Ver 갤러리를 포함해 많은 갤러리와 예술가의 스튜디오가 있다.

현대 영화

영화는 태국에서 그다지 관용을 누리지 못했다. 태국의 대표적인 영화감독인 아피찻퐁 위라세타쿤은 파리와 뉴욕에서 찬사를 받고 있으며, 2010년 칸 영화제에서 〈엉클분미〉로 황금종려상을 수상했다. 그러나 그의 초현실적인 영화 〈찬란한 무덤〉을 포함한 몇몇 작품은 심하게 검열되거나 금지되었다.

4

태국 사회
이해하기

태국 문화에 충실하려면
내 지붕 안에 들어온 어떤 손님이건 환영해야 한다.
– 태국 속담

태국에 처음 들어온 순간부터 당신은 태국 사람들과 상호작용을 하게 된다. 당신은 환영받겠지만 곧바로 태국 사회에 적응할 수는 없다. 태국으로 출발하기 전 그들의 언어와 문화에 대한 수업을 받지 않았다면, 초기에 당신이 상호작용할 상대는 영어를 할 줄 알고 외국인을 상대하는 법을 이미 아는 태국인에 국한될 것이다.

태국어는 대부분의 외국인에게 쉬운 언어가 아니다. 하지만, 당신의 태국어 수준을 태국인들이 말하는 평균적인 영어 수준 이상으로 끌어올리기까지는 그리 오랜 노력이 필요하지 않다. 당신은 태국인과 이야기할 기회를 점점 더 많이 가질 것이고 이런 대화는 반복되는 경향이 있기 때문이다.

처음에는 가장 간단한 태국어도 알아듣지 못하겠지만 그렇다고 태국 사람들과 의사소통을 아예 할 수 없는 것은 아니다. 프랑스인이나 이탈리아인처럼 요란하게 팔을 흔들지는 않지만 태국인들도 그들 나름의 보디랭귀지를 이용한다. 대부분이 예의와 관련된 것이라 당신은 말 한마디 없이도 예의범절을 아는 사람이 될 수 있다.

이 장은 신체언어로 시작한다. 태국어를 웬만큼 할 수 있게 되더라도 신체언어는 여전히 중요하다. 신체언어만 할 줄 알 때는 태국인들과 잘 지내다가 태국어를 웬만큼 할 수 있게 되면서 오히려 문제에 봉착하는 외국인들도 있다.

와이

와이(합장하며 하는 인사)는 그저 말없이 하는 인사가 아니다. 존경을 표하는 행동이다. 태국의 사회 구조를 강화하는 많은 사회적 행동 중 가장 중요한 것이며, 사람들 간의 '높이 규칙'을 증명하는 행동이다. 기본은 단순 명료하다. 누구를 만나든, 사회적으로 아랫사람이 물리적으로 낮은 자세를 취하고 윗사람이 물리적으로 우월한 자세를 취한다. 높이가 힘이다.

와이를 하는 방법

합장한 두 손의 엄지를 향해 머리를 낮게 숙일수록 더 많은 존경을 의미한다. 일상에서 와이의 주요 자세는 크게 아래의 네 가지로 나눌 수 있다.

- 손끝이 턱 위가 아닌 목 높이까지 오게 해서 두 손을 몸 가까이 가져간다. 동등한 사람들이나 상대의 사회적 지위를 모르는 낯선 사람들끼리 취하는 자세다.
- 손을 위에서처럼 하거나 더 낮게 한다. 머리를 세우거나 살짝 기울인다. 윗사람이 아랫사람의 와이에 답할 때 취하는 자세다.
- 손끝이 코끝 위로 오도록 머리를 낮춘다. 아랫사람이 윗사람에게 존경심을 보일 때 취하는 자세다.
- 이마를 엄지손가락 제일 아랫부분까지 내리고 허리부터 몸을 숙인다. 이것이 와이로 표현할 수 있는 존경의 최대치는 아니다. 전신을 땅에 납작하게 붙이고, 눈을 땅으로 향한 채 합장한 손을 눈앞으로 뻗을 수도 있다. 그러나 대부분의 방문객은 이런 과장된 존경 자세를 TV에서나 왕족과 관련된

태국에서는 맥도날드 마스코트도 와이로 인사를 한다.

와이는 주로 아랫사람이 윗사람에게 하는 인사다.
지위가 낮을수록 고개를 깊게 숙인다.

상황에서만 볼 수 있을 뿐, 직접 취할 일은 없을 것이다.

일상생활에서

현대 사회의 속도와 조건 때문에 존경 절차가 예전보다 제한되는 경향이 있지만, 와이는 여전히 태국의 일상생활에서

의미 있는 부분이다. 심지어 사람뿐 아니라 물건에게도 와이를 한다. 장거리 버스에 타면 일부 승객들이 성스러운 장소를 지나갈 때 와이를 하는 것을 볼 수 있다. 혹시 택시 운전사가 '세상에서 가장 긴' 빨간 신호등을 피하기 위해 바퀴에서 끼익 소리를 내며 급커브를 돌다가 갑자기 본인과 당신의 목숨을 내걸고 코끼리 신에게 와이를 하려고 두 손을 들어 올리는 모습을 보더라도 놀라지 마라.

불상과 승려

불상이나 승려에게 와이를 할 때는 이상적으로 아래와 같은 절차를 따른다. 실제로는 당신이 할 수 있는 최선의 와이를 하는 것으로 충분하다.

- 무릎을 꿇는다.
- 경건한 자세로 앉아서(두 다리를 한쪽으로 모으고) 와이를 한다.
- 머리를 숙이면서 몸을 허리부터 굽히고 뒤쪽을 최대한 낮추며 와이를 한다.
- 이마가 바닥에 거의 닿고 정수리가 존경의 대상을 향할 때까지 고개를 숙인 뒤 손바닥을 바닥에 대고 잠시 그대로 자세를 유지한다.
- 몸을 펴서 다시 앉은 와이 자세로 돌아간다. 불상에 와이를 하는 경우엔 이 과정을 세 번 반복한다.

기원

와이 자세는 손에 무기가 없다는 것을 보여준다. 이런 측면에서 와이는 어쩌면 서양에서 칼을 쓰는 오른손으로 악수하는 행위와 공통된 역사를 갖고 있을지 모른다. 그러나 와이는 악수와 달리 태국의 사회 구조와 관련이 깊다.

악수는 동등한 존재들 간에 이루어지는 반면, 와이는 비동등성의 표현이자 수용인 경우가 많다. 윗사람에게 와이를 할 때 아랫사람은 윗사람의 처분에 맡겨지는 셈이다. 항상 아랫사람이 먼저 와이를 한다. 역사적으로 약자는 손에 무기가 없다는 것을 먼저 보여줘야 했다. 눈과 머리를 낮추면 스스로를 방어할 능력이 줄어든다. 윗사람은 와이에 답할 수도, 안 할 수도 있다. 승려처럼 절대적인 윗사람이라면 답하지 않을 것이 거의 분명하다. 운 좋게도 왕족을 만날 기회가 생겨서 적절한 존경 절차를 행하게 된다면, 와이에 대한 답을 기대하지 말라.

와이에 답하기

태국의 왕은 승려를 제외한 백성들에게는 와이를 하지 않는다. 왕족이 아니라도 두 사람 간에 사회적 격차가 대단히 크면 와이에 답하지 않는다. 예를 들어 어린 아이가 어르신에게 와이를 하면 어르신은 고개를 끄덕이거나 미소로 답하는 정도다. 종업원이 팁을 받으며 와이를 하는 경우, 손님은 와이로 답하지 않는다. 하급 사원이 사장에게 와이를 하면 사장은 와이로 답할 수 있지만 꼭 그럴 필요는 없다.

언제 와이를 하는가?

일상생활에서는 와이를 생략하는 경우가 많다. 지위가 대충 비슷하고 주기적으로 접촉하는 마을 사람들끼리는 특별한 상황(결혼식, 장례식)이 아니면 서로 와이를 하지 않는다. 같은 이유로 건설 현장에서 일하는 인부들도 책임자에게만 와이를 한다. 가족들끼리도 일상적으로 와이를 하지 않는다.

태국인들 사이에는 고맙다는 말 대신 와이를 사용하는 관습이 널리 퍼져 있다. 너그러움은 전통적으로 한 방향으로, 즉 윗사람에게서 아랫사람에게로 향한다. 윗사람이 아랫사람에게 고맙다는 의미로 와이를 하는 것은 적절치 않다.

당신이 적당한 시간에 적당한 사람을 만나서 상대가 자연스럽게 손을 올려 와이를 했는데 하필 그때 당신의 양손에 서류가 가득하거나 한 손에 음료수, 다른 한 손에 담배가 들려 있다면? 이럴 땐 그냥 물건을 든 상태로 손을 최대한 가까이 모으고 적절한 자세를 취하면 된다.

미소

당신이 이 땅에 발을 들여놓기 전에 들었을 얘기 중 하나는 태국은 미소의 나라라는 것이다. 그 말은 사실이다. 태국인들은 늘 미소를 짓는다. 만면에 웃음을 띤 얼굴들에 둘러싸여 있노라면, 당신이 바보들의 땅에 왔거나 아니면 태국 사람들이 아주 행복하고 삶에 만족하며 사는 사람들이라고 결론 내리게 될 것이다. 두 번째가 정답에 가깝지만 완벽하진 않다. 태국인의 과반수는 사회적 지위가 그리 높지 않고 월급날이 오기 한참 전에 돈이 떨어지는 사람들이다. 그들은 무엇 때문에 항상 미소 짓고 다니는 것일까?

미소 뒤에 숨은 뜻
태국인들은 꼭 무엇 '때문에' 미소 짓는 게 아니지만 그렇다고 미소에 의미가 없는 건 아니다. 태국에서 미소는 자연스러운 삶의 일부분이다. 미소는 사회적 기능을 한다. 나는 이 아름답고 자연스러운 행동을 지나치게 분석하고 분류한다는 비판을 듣게 될 위험을 무릅쓰고, 다음과 같은 기본적인 목록을 제시하려 한다.

즐거움의 표현

어떤 사람에게나 그렇지만 태국인에게 미소와 웃음은 재미 또는 즐거움의 표현이다. 다른 나라 사람들은 보통 누군가 바나나 껍질을 밟고 미끄러지는 모습을 보고 대놓고 웃지 않지만 태국인은 대체로 웃는다. 그가 공감 능력이 부족하거나 가학적이어서가 아니다. 태국인들은 다른 어느 나라 사람들 못지않게 바나나 껍질에 넘어진 가엾은 사람에게 달려가서 일어나는 것을 도와줄 것이다. 외국인의 눈에는 어떻게 보일지 모르지만 태국인의 미소나 웃음에는 조롱기가 없다.

사과의 표현

바나나 껍질의 예에서 미소는 재미로 인해 촉발되었지만, 의도치 않게 불편함을 끼친 것을 사과하는 구실로 쓰일 때도 있다. 상대가 미소로 답하면 사과를 받아들인다는 의미다.

당신이 점심시간에 자율식당의 천천히 움직이는 줄에서 음식 선택을 마쳤을 때, 아직 메뉴를 선택하지 못하고 음식들의 장단점에 대해 말하고 있는 사람들을 돌아 줄의 앞쪽으로 간다고 치자. 그런데 당신이 아직 메뉴를 선택 중이라고 생각했던 그 사람들이 사실은 계산을 하려고 기다리는 중이었음을 알게 되었다. 그들은 "이봐요, 다시 뒤로 가세요."라고 말하지 않았다. 이럴 때 거창한 사과를 할 필요는 없다. 당신이 웃고 상대도 웃으면 모든 게 해결이다. 물론 당신은 원래의 자리로 돌아가야 한다.

감사의 표현

미소는 또한 작은 도움에 대한 고마움을 표시하기 위해서도 쓰인다. 태국에서는 고맙다는 말을 서양에 비해 많이 하지 않는다. 미소와 함께 살짝 고개를 끄덕이면 '고맙습니다.'라는 뜻이고, 그에 대한 답으로 미소 지으면 '뭘요, 괜찮습니다.'라는 뜻이다.

회피의 미소

내가 여기서 이야기하려는 미소의 마지막 두 가지 기능은 갈등을 회피하는 짜이옌(차가운 마음) 철학과 관련이 있다.

어떤 태국인은 나중에 후회할지 모를 말이나 행동을 조심스럽게 피하기 위해 어떤 상황에서나 대충 미소로 넘길 수 있다. 이런 식의 행동은 일부 외국인을 화나게 만들지만 태국인들에게는 긍정적으로 평가된다. '회피의 미소'로 가장 잘 알려진 사람은 아마도 태국에서 가장 오래 총리를 지낸 쁘렘 장군일 것이다. 그가 2019년 사망하기까지 긴 시간 동안 정치판에 남아 인기를 누렸던 것은, 적어도 어느 정도는 아주 힘든 상황에서도 미소를 잃지 않고 모든 사람이 함께 웃을 수 있게 하는 능력 때문이었을 것이다.

회피의 미소는 말을 동반할 필요가 없으며, 굳이 번역하자면 '드릴 말씀이 없습니다.' 정도의 의미일 수 있다. 이런 미소는 아무런 조치 없이 그저 현장에서 일시적으로 벗어남으로써 상황을 모면하는 기능도 한다.

민망함의 표현

민망함의 미소도 역시 갈등을 회피하는 기능을 하지만 웃는 사람이 죄책감을 느끼고 보상을 하려는 마음이 있음을 보여준다. 실수로 누군가의 오토바이를 넘어뜨렸거나 사람들로 혼잡한 음식점에서 권총으로 장난을 치다가 천정을 쐈다면 어느 나라에서나 갈등이 벌어질 수 있다. 이럴 때 미소는 당신의 민망한 마음을 보여주고 곧 터질 것 같은 긴장된 상황을 완화시킬 것이다.

머리와 발

와이와 관련된 높이 규칙에 대해서는 이미 언급했다. 태국인의 위계 철학은 그들이 몸을 생각하는 방식에도 스며 있다. 콴(영혼의 정수)이 살고 있는 머리는 가장 중요한 부분이고, 발은 제일 덜 중요하고 더러운 부분이다.

그리 멀지 않은 옛날, 백성들이 왕족 앞에서 문자 그대로 기어 다니던 시절에는 사람들이 자신의 가장 신성한 부분(머리와 머리털)을 왕족의 가장 낮은 부분인 발보다 낮은 곳에 둠으로써 겸손함을 증명했다. 그 시절에 가엾은 백성은 왕을 쳐다보지도 못하고 "전하의 발밑에 있는 제 머리가 전하께 아뢰옵니다."와 같은 식으로 말했다. 이런 관습에서 '나(저)'를 뜻하는 남성 존칭대명사 '폼'(문자 그대로는 머리털을 뜻함)이 나와 오늘날에도 동등한 사람 또는 윗사람에게 말할 때 높임말로 사용된다. 익숙한 친구나 연인끼리는 '폼'을 쓰지 않는다.

발에 대한 금기

머리는 신성한 것인 반면 발은 태국인이 입에 잘 담지 않는 부속지다. 당연히 발로 무언가를 할 때는 조심해야 한다.

태국인에게 할 수 있는 최악의 모욕은 하찮은 발로 그의 신성한 머리를 가리키는 것이다. 그런 용서받지 못할 사회적 범죄를 실수로 저지를 가능성은 많지 않기 때문에 당신은 이 경고를 무시할지 모른다. 어쩌면 그럴 수도 있다. 당신이 종종 발을 책상 위에 올려놓는 버릇이 없다면, 또는 벽에 등을 기댄 채 다리를 쭉 뻗고 앉아서 본의 아니게 지혜의 상징을 발끝으로 가리키게 되지 않는다면 말이다.

좀 더 미묘한 금기는 승려나 어르신이 계신 자리에서 다리를 꼬고 앉거나 책상다리를 하는 것이다. 한 유명한 태국의 여성 개혁가는 다리를 꼬지 말라는 말을 거부했다가 국회에서 쫓겨난 적이 있다.

머리 건드리기

방콕처럼 늘 사람들로 붐비는데다 사람들의 평균 신장이 비교적 작은 환경에서는 실수로 타인의 머리를 건드리는 상황이 의외로 쉽게 발생한다. 빠르게 달리는 버스 안에서 천장에 매달린 손잡이를 필사적으로 붙잡고 있다가 의도치 않게 팔꿈치로 남의 머리를 건드린 경우, 적절한 반응은 "미안합니다."라고 말하는 것이다. 태국어로 말하면 더 좋다. 선반 위의 가방을 내리기 위해 누군가의 머리 위로 손을 뻗을 때도 미안함을 표현해야 한다. 이 경우 미소면 충분하다.

태국인들은 가능한 한 사람들에게 불편을 끼치기 전에 먼저 미안함을 표현한다는 사실을 기억하라. 이것이 좀 이상하게 느껴질 수 있다. 미안한 줄 알면 애초에 하지 않으면 될 일인데 왜 굳이 미안할 행동을 하는 걸까? 그들도 어쩔 수 없는 상황일 때가 있다. 예를 들어 과거에는 처형 집행자도 죄수를 처형하기 전에 칼로 머리를 '건드리는' 것에 미안함을 표시했다. 이런 관습은 현대 기술에 의해 더 이상 쓸모없어졌지만, 지금도 미용사들은 가위로 손님의 머리털을 '공격'하기 전에 미안함을 표시한다.

물론 사랑하는 사람들끼리는 그런 금기가 통하지 않는다. 사람들은 애정의 표시로 어린아이의 머리에 오른손을 올리고, 부모들은 조금도 주저하지 않고 자기 아이들의 머리털과 심지어 남의 아이들의 머리털까지 헝클어놓는다.

사람 넘어가기

태국에서는 많은 사회적 활동이 바닥에서 이루어진다. 방바닥에 앉아서 술을 마시다가 화장실에 가려는데 다닥다닥 붙어 앉아있는 사람들로 사방이 막힌 경우, 남의 등과 등 사이로 불쑥 넘어가서는 안 된다(어떤 사람의 어떤 신체 부위건). 그것은 금기다. 또한 음식 위로도 넘어가지 않도록 조심해야 한다. 그것도 금기다. 사정이 급해서 지나가야겠다는 의사를 밝히면 사람들이 알아서 공간을 만들어줄 것이다. 문제는 아직 끝나지 않았다. 사람들이 열어준 공간으로도 그냥 허겁지겁 통과해서는 안 된다. 자신보다 윗사람 앞을 지나갈 때는 높이 규칙에 따라 몸을 숙여야 한다. 이상적으로는 다른 어떤 사람보다도 높은 위치가 되지 않도록 몸을 낮추어 존경심과 겸손함을 보이는 것이 좋지만, 실제로는 지나갈 때 살짝 몸을 숙임으로써 최소한 당신이 노력하고 있다는 것을 보여주면 된다.

앞과 뒤

수평적 공간에서는 어떻게 높이 규칙을 지킬까? 지위가 다른 사람들이 한 공간에 있을 때, 윗사람은 앞에 앉고 아랫사람은 뒤에 앉는다. 어떤 행사에서 당신이 VIP로 초대되어 제일 앞자리로 안내를 받았다면 좋건 싫건 그 자리에 앉아야 한다. 의자가 줄지어 배치된 장소에서는 보통 앞자리 한두 열은 승려와 노인, 다른 중요한 사람을 위해 비워둔다.

걷는 순서에도 사회적 거리가 있다. 윗사람이 앞에, 아랫사람은 뒤에서 걷는다. 현대에 이런 관행은 공식석상에서만 적용되지만, 평소에도 노인보다 앞서 걷지 않도록 신경 쓴다면 좋은 인상을 줄 것이다. 인상은 중요하다.

머리털과 수염

머리털은 머리에 달려 있을 때는 신성하다. 하지만 그런 신성함이 태국 남성들의 헤어스타일에 영향을 주는 것 같진 않다. 태국 남성들은 대부분 머리를 아주 짧게 자르거나 옷깃까지 내려오는 정도로 기른다. 지위가 높은 사람들은 양 극단을 피하고 뒤와 옆을 짧게 치는 편이다. 가끔 콧수염을 기른 남성을 볼 수 있지만 수염을 제대로 기르는 남성은 많지 않으며, 태국 여성들은 수염을 매력적이라 느끼지 않고 노인과 연관시키는 경향이 있다.

손

또 하나 주의해야 할 것은 손이다. 가급적 손을 덜 움직이는 것이 좋다. 평소 손동작을 많이 쓰는 편이라면 두 팔을 옆구리에 얌전히 붙이고 다니도록 노력하라. 당신과 상대가 모두 원한다는 확신이 없는 한, 손으로 등을 툭툭 치거나 머리를 헝클어뜨려서는 안 된다. 사실 어떤 부위든 신체적 접촉은 주의해야 하며, 특히 이성의 몸에는 절대 손대지 말아야 한다. 친구나 동료들끼리 주의를 끌기 위해 팔꿈치를 점잖게 건드리는 정도는 괜찮다.

가리키기

손가락으로 무언가를 가리키는 것은 발로 가리키는 것보다는 덜 거슬리는 행동이다. 하지만 사람을 향해서는 괜찮지 않다. 한참 아랫사람에게도 마찬가지다. 태국인들은 손가락질에 극도로 민감해서 마사지실에서 일하는 여성들도 손님이 원하는 사람을 손가락으로 가리킬 필요가 없도록 번호표를 달고 있다.

누군가의 주의를 끌 때는 어떻게 할까? 태국식 방법은 그냥 부르는 것이다. 음식점에서는 웨이트리스나 웨이터가 젊은 경우가 많으니 "농"(동생)이라는 호칭으로 부르면 된다. 이 책의 초판에 "보이"라는 호칭을 이용한다고 했는데 요즘은 거의 쓰지 않는다.

주변이 너무 시끄러워 목소리를 전할 수 없는 경우에는 그냥 오른손을 든다. 박수를 치거나 손가락을 튕기거나 휘파람을 부는 것은 금물이다. 올바른 방법은 손바닥을 아래로 향한 채 손가락을 당신 쪽으로 재빠르게 움직여 신호를 보내는 것이다.

당신이 누군가를 불렀다면 십중팔구 그에게 뭔가를 건네주거나 건네받게 될 것이다. 이런 절차는 잘 규정되어 있다. 당신이 아랫사람이라면 물건을 건네거나 받을 때 오른손을 이용하고, 이때 왼손으로 오른쪽 팔뚝을 받치며 상체를 숙인다. 윗사람이라면 왼손으로 받칠 필요 없이 그냥 점잖게 주거나 받는다. 동등한 사람들끼리는 정해진 절차가 없다.

당신이 왼손잡이라도 뭔가를 건넬 때는 오른손을 쓰는 것이 좋다. 왼손은 용변을 본 뒤 뒤처리를 할 때 사용하는 손이라는 인식이 있기 때문이다. 요즘은 대다수 태국인이 물이 나오는 호스와 화장지를 함께 사용하고 뒤를 닦는 용도로 오른손도 이용하지만(나중에 손을 씻는다) 왼손이 오른손만큼 깨끗하지 않다는 인상은 여전히 남아있다. 늘 그렇듯 에티켓은 합리적 설명에 뒤쳐진다.

눈

태국인들은 눈과 눈썹으로 많은 일상적인 소통을 한다. 버스 차장을 보고 눈썹을 치켜뜨는 것만으로 당신이 아직 잔돈을 받지 않았다는 사실을 환기시킬 수 있다. 당신이 쌩쌩 달리는 택시와 툭툭에서 기사를 쳐다보면 그는 브레이크를 밟을 것이다. 버스 차장과 택시 기사를 보지 않으려고 다른 곳으로 눈을 돌리다가 우연히 다른 눈과 마주치면 그 눈은 아마도 당신에게 미소를 보내고 있을 것이다. 한번 시도해보라. 눈을 보는 것은 태국인의 미소의 매력에서 큰 부분을 차지한다. 그러니 눈을 마주치는 것을 두려워할 필요는 없다. 하지만 사람을 너무 빤히 쳐다보는 것은 무례하다고 여길 것이다.

외모

자기연출은 사람의 지위를 보여주는 가장 분명한 지표 중 하나다. 서양에서는 왕위 계승자가 청바지를 입거나, 광부가 여가 시간에 고급스러운 최신 패션 차림으로 나타나도 상관없다. 반면에 태국에서는 '푸야이'(높으신 분)는 원하는 대로 옷을 입을 수 있지만 '푸노이'(부하)는 그럴 수 없다. 사람들의 서열은 행동과 매너, 언어를 통해 표현될 뿐 아니라 대부분 겉모습에도 반영된다. 물론 현대에는 유행이 옷차림을 좌우하는 측면이 크다. 찢어진 청바지가 유행일 때는 높은 사람이건 낮은 사람이건 찢어진 청바지를 입은 모습을 흔히 볼 수 있다. 그러나 그런 차림으로 사무실이나 공적인 자리, 결혼식, 장례식에 가지는 않는다.

제복

태국에서는 비농업 종사자 중 놀랍도록 높은 비율이 정부에 직접 고용된 공무원들이어서 경찰과 군대에서처럼 분명하게 계급을 표시하는 제복을 입는다. 쭐랄롱꼰과 탐마삿대학교에 다니는 엘리트 자녀들은 학생운동으로 유명할지 모르지만, 자신들의 학교를 드러내는 교복에 상당한 자부심을 갖고 있다. 또한 공식적인 제복에는 개인간의 서열이 충분히 드러나지 않기 때문에 집단 내부적으로 지위를 구분하기 위한 나름의 관습을 따른다. 예를 들어 대학 1학년생은 관습에 따라 흰 양말을 신는다.

시골

전통적으로 태국의 서민 남성은 '파카우마'라는 긴 천을 허

태국의 공립 학교들에서는 교사와 학생 모두 유니폼을 입는다.

리에 매고, 여성은 장식 없는 단순한 씬(전통적인 긴 치마) 또는
사롱 치마에 블라우스를 입었다. 지금도 그런 차림으로 논에
서 일하는 농민들을 볼 수 있다. 북부에서는 남성들이 종아리
까지 오는 중국식 면바지와 깃 없는 셔츠를 입었다. 그러나 요
즘은 어디에서나, 심지어 가장 외진 오지에서도 서양식 옷차
림이 전통 의복을 빠르게 대체하고 있다. 급속도로 발전한 태
국의 의류산업은 서양식 의류를 어디서나 값싸게 구할 수 있
게 했다.

수수함

패션은 점점 더 국제화되고 있으며, 도시 여성들은 최신 유
행 따라하기를 무척 즐긴다. 유행은 수수함과 문화적 규범을
이긴다. 그것이 패션의 본성이다. 그러나 나의 조언은 보수적
인 쪽에 가까운데, 조금이라도 미심쩍은 경우엔 안전하게 가

라는 것이다. 특히 스스로 점잖고 제대로 된 사람이라는 인상을 주고 싶은 비즈니스 여성이라면, 대중매체에 비춰진 외국인들의 난잡한 이미지를 감안해 브래지어뿐 아니라 그 위에 상의를 꼭 입을 것을 권한다. 요즘은 모든 태국 여성들도 속이 훤히 비치는 옷이나 아주 짧은 치마를 즐겨 입은 것처럼 보이지만 외국인 여성이라면 더욱 그런 옷차림을 피하는 것이 좋다.

과한 옷차림

왜 그런지 이해할 수 없지만, 태국에서는 지위에 비례해 몸에 걸치는 옷의 가짓수가 많아진다는 일반 원칙 같은 것이 있다. 방콕의 회사 중역과 대학 교수들이 열대의 작열하는 뙤약볕 아래서도 꿋꿋하게 재킷과 넥타이를 착용한 모습을 심심치 않게 볼 수 있다.

태국에서 일하는 외국인들은 깔끔하고 적절한 차림만 유지한다면 넥타이를 매지 않아도 괜찮다. 그러나 공식적인 행사에는 항상 주최자의 지위가 결부되기 때문에 좀 과하다 싶은 지출과 옷차림이 필요할 수 있다. 청첩장을 보내는 결혼식 같은 행사에는 정장과 넥타이를 차려입는 것이 예의다. 남들이 재킷을 벗는다면 당신도 언제든 재킷을 벗을 수 있지만, 에어컨이 빵빵하게 나온다면 계속 입고 있는 편이 좋다. 조금 과하게 갖춰 입는 쪽이 안전하다. 필요하면 언제든 벗을 수 있으니 말이다.

대화하기

영어를 하는 태국인을 만나면 대개 '국제적인' 한담을 나누게 된다. 사람들은 당신에게 태국이라는 나라와 태국의 음식과 사람들이 마음에 드는지 물을 것이다. 이때 날씨가 너무 덥고 음식이 너무 맵다고 말하거나 방콕의 교통과 절도범, 오염, 모기에 대해 불평함으로써 그의 기분을 상하게 하지 말라(정작 태국인들은 이런 것들에 대해 늘 불평하지만). 당신이 경찰과 얘기하고 있지 않다면 경찰에 대해 불평하는 것은 괜찮다.

좀 더 깊이 있는 대화를 하다가 비판의 영역으로 들어가게 된다면 당신의 발언이 개인에 대한 비판이 아님을 분명히 하는 게 좋다. 이런 게 종종 어렵다. 예를 들어 맥주가 놓인 은쟁반을 들고 무릎으로 걸어오는 가정부를 둔 사람과 사회적 불평등에 대해 이야기하면서 개인적이지 않은 비판을 하기는 힘들다(그러나 태국인에게라면 불가능하지는 않다). 만일 당신이 왕이나 불교에 대해 좋게 생각한다면 꼭 그 주제에 대해 말하고, 좋게 생각하지 않는다면 비판은 그냥 혼자만 간직하라. 아무리 가난한 태국인도 자신이 태국에서 태어난 것을 행운으로 여긴다는 사실을 기억하라. 혹시 잊을까봐 하는 말인데 태국에는 불경죄가 있다.

비위 맞추기

태국인과의 한담에서 가장 유쾌한 측면 중 하나는 상대의 비위 맞추기를 좋아하는 그들의 성향이다. 그러니 태국인이 당신에 대해 칭찬할 때 자만심이 도를 넘지 않도록 경계할 필요가 있다. 키, 머리카락, 눈, 피부색, 모든 것이 칭찬 대상이다. 당신이 나이가 40세라고 말하면 보통은 30세처럼 보인다는 소리를 할 것이다. 그러나 어디까지나 한담일 뿐이라는 사실을 기억하라.

지위 정하기

태국인들과는 일단 지위 규칙에 대한 합의가 이루어질 때까지 어떤 흥미로운 이야기도 시작하기 힘들다. 처음 만나서 나누는 한담의 상당 부분은 이런 합의를 위한 내용이다. 외국인이라면 "몇 살이시죠?" "수입이 얼마나 되요?" 같은 노골적인 질문에 조금 당황할 수 있는데, 태국의 사회적 맥락에서 이런 질문은 무례한 것이 아니며 누군가의 지위를 정립하기 위한 빠르고 확실한 방법이다. "그럭저럭 지낼 만큼 법니다."라고 모호하게 대답하면 곧바로 "벤츠에서 그럭저럭 지내세요, 아니면 폭스바겐에서 그럭저럭 지내세요?"라는 추가 질문을 받게 될 것이다. 물론 당신도 같은 종류의 질문을 부담 없이 할 수 있으며, 대답하고 싶지 않다면 "마이 벅"(말하지 않을래요)이라고 하면 된다. 미소만 잊지 않는다면 누구도 기분 상하지 않을 것이다.

이름과 칭호

태국에서는 우호적이고 정중한 대화를 할 때 보통 이름과 대명사, 칭호를 쓴다. 모든 태국인은 성과 이름이 있고 이름이 앞에, 성이 뒤에 온다. 지위고하에 관계없이 자기소개는 이름으로만 한다.

왕족이나 귀족 등 높은 칭호를 가진 사람이 아니라면 보통 이름 앞에 '씨, 양 또는 부인'에 해당하는 '쿤'을 붙인다. 가령 로버트라는 이름의 사람이 있다면 "쿤 로버트"나 "미사터(미스터) 로버트" 혹은 박사 학위가 있는 경우 "다카터(닥터) 로버트"라고 부르면 된다.

태국인의 이름은 대부분 3음절로 이루어져 있고 중세 팔리어에서 나왔다. 어떤 외국인도 태국인의 모든 이름을 기억하지 못할 만큼 복잡하다. 이럴 때는 단순히 "쿤"이나 "you"라고 불러도 괜찮다. 이름 대신 별명을 불러도 되는데 이 경우에도 앞에 "쿤"을 붙인다.

별명

태국인은 대부분 별명이 있으며, 아주 공식적인 자리를 제외하면 어디서나 별명으로 부른다. 별명은 주로 개구리, 쥐, 돼지, 뚱뚱이, 땅딸이 등을 뜻하는 단어다. 당신은 곧 누군가를 "돼지 양"(쿤 무)이라고 부르는 데 익숙해질 것이다. 기억해야 할 사실은 모든 성인에게 '쿤'이라는 호칭을 써야 하며 영어로 말할 때도, 그리고 누군가에 대해서 말할 때도 마찬가지라는 것이다. 한편 태국인과 아주 가까운 친구가 되면 이름 앞에 '쿤' 대신 이름 뒤에 '~자'를 붙이게 된다. "쿤 무"가 "무 자"가 되는 것이다.

소개

누군가를 대신 소개하는 것은 태국의 관습이 아니다. 태국에서는 그냥 모르는 누군가에게 다가가서 직접 이름을 묻거나 본인의 이름을 알려줘도 이상하지 않다. 제3자에 의한 공식적인 소개는 관련된 사람들이 서로를 알 필요가 있을 때만 이루어지며 이 역시 지위 규칙을 따른다. 예를 들어 동료의 집을 처음 방문한 젊은이는 "저희 부모님이세요."라는 소개를 받을 것이다. 이때 함께 있는 친척들도 차례로 소개될 텐데 그 순서로 친척들의 지위를 알 수 있다. 태국에서는 항상 아랫사람부터 소개하며, 이는 가장 중요한 사람부터 소개하는 다른 문화들과는 정반대다.

지인의 집 방문하기

태국인들은 집으로 한두 명을 따로 초대해서 식사 대접을 하는 일이 드물지만 마침 식사를 하려는 시간에 누군가 찾아온다면 즉석에서 초대할 것이다. 이럴 땐 정중하게 거절하는 것이 예의다.

보통의 식사 초대는 많은 사람이 오가는 편안한 뷔페식으로 이루어진다. 이런 자리에서는 누군가 늦게 오거나 아예 오지 않아도 크게 문제되지 않는다. 만일 정해진 시간에 식탁에 앉아서 식사하기 위해 소수의 사람을 초대한다면, 당신이 그들이 다 도착하기를 기다릴 것임을 분명히 알릴 필요가 있다. 또한 태국인들은 간혹 주최자에게 미리 알리지 않고 친구를 데려오기도 한다는 점에 유의하라.

검은 옷 피하기

파티 형식의 모임에 초대되었을 때 주의사항 중 하나는 가급적 검은색은 피하라는 것이다. 검은색은 상복을 연상시킨다. 흰색 역시 비슷한 측면이 있지만 드레스라면 어디서나 괜찮다. 물론 패션에 절대 금기란 없다. 일요일에 검은색을 입으면 오히려 행운이 온다는 믿음도 있으며, 패션과 문화 사이의 선택에서 매번 이기는 쪽은 패션이다.

집 안에서

태국인의 집에 초대되어 간다면 '응접실'로 안내될 가능성이 크다. 꼭 그 방에만 머물러야 하는 것은 아니지만 손님의 이동 범위는 보통 집의 외부 공간에 한정된다. 미국인들은 종종 손님들에게 집 전체, 심지어 침실까지 보여주기를 좋아하지만 태국에서는 일반적이지 않다.

초대자의 집이 크건 작건, 집 주인이 신발을 계속 신고 있으라고 말하지 않는 한 문 앞에서 신을 벗고 들어간다. 방문하는 집의 현관문에 문지방이 있다면 밟지 않고 넘어가는 것이 예의다. 태국인의 집과 그 주변에는 아홉 명의 신령이 살고 있으며 그중 하나는 문지방에 산다고 알려져 있다. 실제로 방콕에 있는 몇몇 중요한 문에는 "문지방을 (밟지 말고) 넘어가주세요"라는 안내문이 붙어있다. 역사적 건물이 마모되는 것을 막으려는 이유 외에 보다 깊은 영적인 이유가 있다.

예전에는 남의 집에 하룻밤 묵어갈 손님은 건물에 있는 신당(싼프라품)에 사는 토지신(프라품)을 찾아가 허락을 구하고 떠날 때 감사 인사를 하는 관습이 있었다. 몇몇 지역에서는 여전히 그런 관습을 따르지만 외국인은 그럴 필요가 없다.

가난한 집에서 하룻밤 머물게 된다면, 물론 따뜻한 환대를 받겠지만 바닥에 깔린 매트에서 잠을 자고, 모기와 싸우고, 소박한(주로 옥외에 있는) 화장실을 이용할 각오를 해야 한다.

친구 사귀기

태국에서 수년 동안 태국어를 읽고 말하고 태국인과 매일 교류하며 살았던 네덜란드의 사회과학자 닐스 멀더는 그의 책

《태국에서의 일상생활Everyday Life in Thailand》에서 다음의 글로 끝을 맺었다. "나는 단 하나의 깊은 우정도 만들지 못하고 태국을 떠나야 한다." 대부분의 외국인이 그만큼 솔직하다면 태국 체류를 마치면서 똑같이 말하게 될 것이다.

심지어는 태국인들도 태국에서 깊은 우정을 찾는 것은 쉽지 않다고 말한다. 모든 태국인이 생사를 같이할 수 있는 친구를 갖기를 꿈꾸지만 '함께 먹을 친구는 찾기 쉬우나 함께 죽을 친구는 찾기 힘들다.'는 속담의 진실을 인정하는 편이다.

피는 물보다 진하다. 대부분의 동양 사회와 마찬가지로 태국에서는 진정한 신뢰와 사회적 의무를 대가족의 인맥 속에서 찾는다. 외부인은 혼인으로 맺어지지 않고서는, 혹은 오랜 시간을 거쳐 가능할 수도 있는 다른 방식으로 맺어지지 않고서는, 느슨하게 조직화되었지만 너무도 중요한 이 가족단위의 바깥에서 머물 수밖에 없다.

지난 몇 십 년간의 엄청난 변화에도 불구하고 전통적인 행동 패턴과 문화적 가치가 항상 표면적인 '서구화'를 이긴다. 따라서 태국인과 외국인 모두 우정을 향해 정면으로 돌진하기보다는 상황을 서서히 받아들이고 서로에 대한 가치 판단을 피하면서 우호적인 수준에서 관계를 유지하는 편이 현명하다.

연애

다른 동양 국가와 비교하면 태국의 연애 규범은 상당히 편하고 자유로운 편이다. 물론 항상 쉬운 것은 아니며, 중산층 가정에서는 전통적인 방식에 따라 처음 데이트를 할 때 두어 번은 여자가 친구나 친척을 데리고 나올 가능성이 많다.

남자도 여자도 혹은 부모들도 결혼 상대로 외국인을 배제하지 않지만 문제는 상대가 얼마나 많은 것을 가져올 것이냐에 달려 있다. 외국인과 결혼할 경우 가문의 사회적, 경제적 지위를 강화할 수 있는 결혼동맹은 따로 없을 것이기 때문에 그에 대한 보상이 필요하다고 느낀다(이 점에서 많은 외국인은 태국에서는 돈으로 사랑을 살 수 있다고 오해할 여지가 있다).

예를 들어 어떤 여성에게 구애를 할 경우 선물 주기를 통해 관계가 급진전될 수 있다. 선물은 주로 상대 여성과 그녀의 어머니에게 주는데, 여유가 된다면 동생들과 때로는 아버지에게도 작은 선물을 하면 좋다. 여성들에게 인기있는 품목은 최신 스마트폰이나 실크 '씬'(사롱 스타일의 전통적인 긴 치마), 치마를 고정할 금 벨트(본인이 얼마나 가난한지를 보여주고 싶지 않거든 은 벨트는 넣어두자) 등이다. 한편 이런 전통을 이용하는 영악한 여자들도 있으니 조심하라. 상대 여성이 금 벨트를 요구한다 해도 그녀가 꼭 결혼을 염두에 두고 있다고 보장할 수는 없다. 금 벨트 가격은 웬만한 오토바이 한 대 값이다. '내가 그만한 가치가 있나요?' 여성은 그것을 묻고 있는 것이다.

태국 여성과의 결혼은 곧 그녀 가족들과의 결합을 의미한다. 가족을 참아낼 자신이 없다면 다시 생각해야 한다. 가족 구성원이 마음에 들고 그녀의 아버지와 술을 마시는 것이 즐겁더라도 그 이유만으로 결혼하지는 마라. 결혼하면 주기적으로 가족 전체를 근사한 음식점으로 초대하고 그 비용을 당신이 부담해야 한다.

몇 번의 데이트 후에 마침내 여성을 혼자 불러낼 만큼의 신뢰를 얻었다면, 그녀를 데리러 갈 때와 데려다줄 때 가족 중 누군가와 앉아서 담소를 나누게 될 것이다. 당신은 점차 가족

내 모든 사람을 알게 된다. 당신이 청혼하지 않고 뭉그적거리면 가족들은 언제 사위가 될지 물어올 것이다(처음에는 장난처럼). 금팔찌와 목걸이 등 어머니에게 준 선물로 당신의 의도는 이미 분명하게 전달된 셈이다. 여기서 청혼하지 않고 발을 빼면 아무것도 돌려받지 못한다.

5

태국에서
살아보기

코끼리는 꼬리를 보고 판단하고
여자는 어머니를 보고 판단하라.
– 태국 속담

은행이나 직장으로 가는 길을 찾지 못한다면, 태국 사회에서 당신의 길을 찾는 것은 무의미하다. 처음에 당신은 태국어나 태국적인 방식을 배우는 것보다 살 곳을 찾고, 서류를 정리하고, 은행 계좌를 개설하고, 아이들을 입학시키고, 그밖에도 당신이 문화적 모험을 시작할 수 있기 전에 해결해야 할 101가지 방법에 관심이 더 많을 것이다.

이 장에서는 당신이 실질적이고 필수적인 문제들을 빠르게 해결하는 데 도움을 주고 건강 및 교육과 관련해 필요할 수 있는 참고 자료를 제공한다. 아래 목록은 당신이 태국에 체류하는 기간 내내 가장 유용하게 이용할 도구들이다.

- www.searchyellowdirectory.com/phonebooks/Thailand : 이것은 인터넷상의 태국 전화번호부다.
- 일반통행로가 표시된, 당신이 사는 도시나 지역의 종이 지도
- 영자 신문:《방콕 포스트》와《더 네이션》이 있다.
- www.expat.com/en/classifieds/asia/thailand : 태국에서 무엇이든 사고 팔 수 있으며 주택 및 자동차 임대, 비자 지원 등을 제공한다. 영어로 되어 있다.
- 페이스북의 외국인 그룹들. 모든 주요 도시에 존재한다. 구글에서 'expat facebook 도시명'을 검색한다. 치앙마이와 푸껫 같은 곳에 많은 소그룹이 있다.
- 외국인이 자주 다니는 슈퍼마켓에 있는 게시판과 그런 슈퍼

마켓에서 때때로 구할 수 있는 광고지. 지금은 페이스북이 대신하고 있다.

비자

체류 기간이 30일 미만이고 유럽, 호주, 뉴질랜드, 미국 그리고 아세안 회원국을 포함한 57개국 중 하나의 여권을 가지고 있다면 비자 없이 입국이 가능하며, 일반적으로 공항에서 30일 비자를 받는다. 브라질과 한국, 페루 방문객은 외교 협정에 따라 90일 동안 비자 없이 체류할 수 있다. 다른 나라 방문객들은 비자가 필요하지만 본국에 태국 대사관이 없다면 공항에 도착해서 받을 수 있다. 단기 관광 비자는 다른 종류의 비자로 변경할 수 없으며, 병원이나 감옥에 있지 않은 이상 며칠 이상 연장할 수 없다. 따라서 장기 방문객들은 태국 대사관이 있는 이웃국가(라오스, 캄보디아, 말레이시아)로 나갔다가 태국에서 거주하고 일할 수 있는 적절한 비자를 가지고 다시 돌아오곤 한다. 이런 식의 출입국은 나라 당 1년에 2회로 제한된다.

은퇴 비자를 원한다면 50세 이상 나이에 충분한 은행 잔고가 있어야 한다(신청할 때 액수를 확인한다). 그러면 일단 2개월짜리 비자가 주어지는데 태국을 떠나지 않고 처음에 1개월, 그 다음에 9개월, 그 다음에 1년 단위로 연장이 가능하다. 관광 비자로 태국에 와서 일을 하려면 서류 작업이 필요하고 기간 만료 전 출국했다가 적절한 비자를 받아 돌아와야 한다.

태국 대사관은 현재 모든 아세안 회원국에서 찾을 수 있다(동티모르를 제외한 동남아시아의 모든 국가가 아세안 회원국이다). 한국에도 태국 대사관이 있으며, 우편이나 대사관에 직접 방문

주한태국대사관 연락처

- **주소:** 서울 용산구 대사관로 42
- **전화:** (02)790-2955
- **팩스:** (02)798-3448
- **이메일:** thaisel@mfa.go.th
- **업무 시간(비자 관련):** 오전 9시~12시(월요일-금요일)

해 비자를 신청할 수 있다. 신청서 양식과 사용 기간이 6개월 이상 남은 여권, 고용 또는 은퇴와 관련된 신원 증명(해당되는 경우) 외에도 비자에 들어갈 사진과 기타 양식이 필요하니 챙겨두도록 한다.

당신이 태국에 일하러 오는데 고용주가 알아서 준비해주지 않는다면 90일간 유효하고 연장이 가능한 비이민 비자나, 1년 동안 여러 차례 입출국이 가능하지만 90일마다 출국해야 하는 비이민 비즈니스 비자를 신청한다. 이런 식의 재입국은 캄보디아 국경으로 갔다가 하루 만에 돌아오는 정도로 가능하다. 또 다른 대안은 잠시 라오스의 비엔티안으로 가는 것이지만 시간이 더 오래 걸리는 데다 국적에 따라 무료로, 또는 일정한 수수료를 내고 30일간 유효한 라오스 도착 비자를 받아야 한다. 푸껫과 남부에 체류하는 외국인이라면 새 비자를 받을 수 있는 말레이시아 랑카위 섬으로의 비자 선박 여행도 고려할 수 있다.

낙원에서의 은퇴 생활

은퇴 후 태국에서 살고자 하는 사람들을 위해서는 특별한 방법이 있다. 태국 밖에서 90일간의 비이민 비자를 받은 뒤 한

번에 1년이나 10년씩 연장하는 것이다. 이 경우 방콕 사톤 따이 로드, 소이 수안플루에 있는 출입국관리국이나 각 지방의 출입국관리사무소에 가서 다음과 같은 서류를 제출해야 한다.

- 여권 + 개인 정보 및 비자 페이지 사본.
- 사진 한 장.
- 연소득이 8만 바트(한화 약 300만 원) 이상이라는 증명.

당신이 50세 이상이며 평균적인 연금을 받고 있고 태국에서 정식으로 일할 생각이 없다면 이 비자가 적합하다. 태국은 남은 인생의 추억을 만들기에 훌륭한 곳이다. 거의 무료에 가까운 의료비 등 현재 태국인의 권리를 모두 누릴 자격은 없지만 지역의료보험을 취득해 태국 병원에서 비교적 저렴하게 치료받을 수 있다. 대부분의 은퇴자들이 본국에서는 자신의 연금으로 초라하게 살아야 하지만 태국에서는 편안한 중산층으로 생활할 수 있다. 태국인 명의가 아니면 땅이나 집을 살 수 없지만 특정한 아파트/콘도는 살 수 있다.

전기

태국은 아시아를 비롯한 전 세계 대부분 나라들과 마찬가지로 전국에 220V 전기가 공급된다. 전기요금은 매월 계산되며, 에어컨을 계속 틀어놓거나 큰 냉장고가 있는 경우엔 제법 많이 나오는 편이다. 플러그 핀은 둥근 형태와 납작한 형태가 있다. 에어컨이나 온수기를 설치할 경우 꼭 접지를 해야 한다. 도시에서는 정전이 거의 일어나지 않지만 갑작스러운 전압 상승으로 민감한 장비가 손상될 수 있다. 무정전전원장치를 설치하면 컴퓨터를 보호하고 데이터 손실을 방지할 수 있다(현지에서 적은 비용으로 구입 가능). 태국인이건 외국인이건 사람들은 대부분 데스크톱 컴퓨터보다 배터리로 전원 공급 문제를 극복할 수 있는 노트북 컴퓨터 사용을 선호한다.

가스

많은 집들에 LPG 가스통을 이용하는 주방기기가 구비되어 있다. 지역 공급업체에 전화하면 가스를 즉시 배달해 연결해준다. 아직 설치되어 있지 않다면 임대계약서에 서명하기 전 집 주인에게 가스통 구입을 요청해보라. 이것이 통하지 않으면 동네 공급업체에서 직접 구하면 된다. 슈퍼마켓과 영자신문, 가끔은 태국 페이스북 그룹에 광고가 실린다(아니면 그냥 이웃에게 묻는다). 가스는 항상 직장 상사와 직원들을 초대한 자리에서 바닥나게 마련이니 평소 가스통을 두 개씩 비치해두는 것이 좋다. 요즘은 가스 교체시 임시로 이용할 수 있도록 가스레인지에 전기 핫플레이트가 포함되어 나오는 경우도 많다.

전화 · TV · 인터넷

TOT(태국전화공사)나 텔레콤아시아를 통해 유선전화를 이용할 수 있다. 어떤 형태로든 집 주인이나 다른 세입자와 공동회선 전화를 사용하지 않는 것이 좋다. 취업 허가나 거주 허가가 없으면 이동전화 소유가 불법이긴 하지만 누구도 이 법을 알지 못하는 것처럼 보인다. 어떤 외국인 방문객도 아무 쇼핑몰 판매대에서나 저렴하게 이동전화를 구입할 수 있고, 같은 매장에서 약 40% 저렴한 가격으로 중고 전화도 구입 가능하다.

일부 외국인들은 가정부가 미국에 있는 사촌에게 국제전화를 걸고 싶은 유혹에 빠질 여지를 없애기 위해 집 안에 유선전화를 연결하지 않거나 심지어 연결을 해제해놓는다. 유선전화 요금은 국내전화의 경우 한 달에 한 번, 국제전화의 경우 한 달에 두 번 청구된다.

케이블과 위성 TV가 있으면 태국 어디에서나 세계적인 채널의 뉴스를 접할 수 있다. 온라인 전화번호부에서 가입 번호를 찾을 수 있으며, 태국에서 생산된 TV를 구입한다면 무료나 할인된 가격에 서비스를 제공받을 수 있을 것이다.

최근 인터넷 서비스의 혁신으로, 록스인포Loxinfo에 가입하면 저렴한 요금으로 두 곳의 전화 단자를 통해 인터넷에 무제한 접속할 수 있다. 전화 한 통이면 제공되는 지원과 수리 서비스를 포함한다. 집밖으로 나가면 카페와 호텔에서도 무선 인터넷을 쉽게 찾을 수 있다. 태국의 멋진 점 중 하나는 최신 인터넷 TV처럼 뭔가를 구입하면 별도의 수수료 없이 배송과 설치, 점검, 설명까지 당일에 이루어진다는 점이다.

물

끓이거나 정수 처리를 하지 않은 상태로 수돗물을 마시는 것은 금물이다. 시중에 다양한 크기의 병에 든 생수가 판매되며 정기 배달을 하기도 쉽다. 물병이 클수록 가성비가 높고, 큰 업체가 신뢰할 만하다. 도시에 산다면 매일도 배달된다. 수수료도, 팁도 없이 배달 기사가 물통을 가져와서 급수기에 설치해준다. 식수에 돈을 내는 것이 정말 싫다면 수돗물을 잘 끓여 먹도록 한다(그러나 큰 생수통을 주기적으로 배달해 먹는 것보다 가스 또는 전기 요금이 더 나올 수도 있다).

어떤 사람들은 수돗물을 잘 끓인 뒤 전기온수기에 뜨겁게 보관해서 먹는다. 아침에 뜨거운 차와 인스턴트 국수를 먹기에는 이 방법도 괜찮지만 가끔 차가운 물이 필요할 것이다. 온수기는 전자제품 매장에서 구할 수 있다. 수도요금은 매월 부과된다. 어떤 집주인은 세입자 대신 요금을 낸 뒤 나중에 받고, 어떤 주인은 월세에 포함시킨다.

다음은 방콕에 있는 가장 큰 생수 회사 두 곳이다.

- Boon Rawd 전화 (02) 241-1361, 스쿰빗 지역에서 배달
- Minere 전화: (02) 676-3588, 대부분 지역에서 배달

숙박

태국의 모든 도시와 비교적 큰 시내에는 합리적인 가격에 임대할 수 있는 좋은 숙박 시설이 많다. 쉽게 집을 구할 수 있을 것이다. 그러나 매물은 많고 협상의 여지는 항상 있기 때문에 시간을 들이면 그만큼 효과가 있다. 인터넷은 독립적으로 광고를 낸 주택과 아파트를 찾기에 최선의 출처다. 페이스북 외국인 그룹에서도 부동산 연락처를 제공한다. 만족스러운 체류를 마치고 출국하려는 많은 외국인이 친절한 집주인을 돕기 위해 페이스북에 광고를 올린다. 떠나는 외국인들 중에 자신이 쓰던 가구를 판매하거나 자신의 집에서 일하던 가정부를

소개해주는 경우도 있다.

고용주가 아직 당신이 살 집을 마련하지 못했거나 중간에 겹치는 기간이 있거나, 아니면 그냥 천천히 집을 알아보고 싶다면 임시 숙소를 생각해보라. 태국 어디서나 단기 체류를 위한 아파트를 구할 수 있다. 대부분의 호텔은 12월에서 4월까지 성수기를 제외하면 몇 박 이상 체류할 경우 상당한 할인을 해준다. 영구적인 숙소를 기다리는 동안 단기로 묵을 곳을 찾는다면, 살고 싶은 지역을 먼저 정해서 임시 숙소를 찾아 머물며 지역 특성을 알아보는 것도 좋다. 자체적인 교통수단을 마련할 때까지는 일터까지 택시를 타고 다니기에 좋은 위치거나, 방콕의 경우 BTS(전철) 역 근처에 숙소를 구하는 것이 합리적이다.

집 구하기

아파트건 단독주택이건 당신이 꿈꾸는 집을 살펴볼 때는 결정을 내리기 전에 다음과 같은 사항을 모두 확인하도록 한다.

- 그 집에 있을 때 정말로 기분이 좋은가? 첫 느낌이 중요하다.
- 소음 수준은 어느 정도인가?(주중 러시아워의 교통, 이웃의 아이들, 학교, 진행 또는 계획 중인 공사 작업)
- 직장까지 시간이 얼마나 걸리나?
- 자녀의 학교까지 시간이 얼마나 걸리나? 스쿨버스를 이용할 수 있는가?
- 9~10월에 홍수가 발생하는 지역인가? 건기에는 이를 판단하기 어려우니 이웃 또는 근처 상점이나 카페에 물어본다

(이웃이 얼마나 친절한지 살펴볼 기회이기도 하다).

- 수돗물이 온종일 나오나? 수압은 괜찮은가? 신경 쓰이게 잡음을 내는 물 펌프가 있는가?
- 1층 창문에 방범창이나 덧문이 달려 있는가? 화재 비상구나 출입문 자물쇠 및 안전장치를 점검한다. 어떤 거리에는 주민들에게 소액을 받고 일하는 지역 경비원이 있다.
- 방충망 상태는 양호한가?
- 전화가 설치되어 있는가? 요즘은 이동전화가 더 유용하기 때문에 이 항목이 우선순위는 아니다.
- 임대료에 무엇이 포함되어 있는가? 방콕과 치앙마이를 포함한 대도시에서는 가구, 에어컨, 천장 선풍기, 스토브와 냉장고가 비치된 주방을 기대할 수 있다. 수리비용은 보통 포함되지 않는다. 흥정을 할 때 추가비용 없이 가구를 더 요구하거나 원치 않는 가구를 제거해달라고 요구할 수 있다. 약속을 이행할 때까지 잔금을 지불하지 말라. 어떤 집주인은

태국의 대도시에는 외국인이 정착하기에 좋은 모던한 아파트나 단독주택이 많다.

전통적인 수상가옥.

세금 때문에 당신이 실제로 지불하는 금액보다 낮은 임대료를 명시한 계약서에 서명해달라고 요구한다.

비교적 긴 임시체류를 원하거나 6개월에서 1년 정도만 태국에 있을 예정이라면 다양한 아파트 후보지가 있다. 고급 아파트에는 보통 가정부 서비스가 포함되며, 많은 면에서 호텔처럼 운영되지만 방과 공간이 더 많고 작은 주방과 기본적인 식기와 시트 등이 딸려 있다(개인 짐이 도착하기를 기다리는 중이라면 유용할 것이다). 보통 나중에 환불해주는 보증금을 요구하는데 간혹 환불받지 못하기도 한다. 그런 경우가 기물 파손이나 소실에만 해당되는지, 아니면 약속한 것보다 일찍 집을 비울 때도 보증금에서 일부를 공제하는지 확실히 알아두도록 한다. 임대료는 주로 월세로 내며 선불로 낼 수도 있다. 6~12개월간 임대하면서 전체를 선불로 내면 임대료가 싸지고, 그보다 단기간이면 더 비싸다. 임대료에 어떤 것이 포함되는지 확인한다. 대체로 전기요금은 포함되지 않는다.

부동산 중개업자

부동산 중개업자는 영자신문과 페이스북에 자주 광고를 낸다. 대체로 친절하며 자동차로 당신을 데리러 오는 데다 거래가 성사되면 당신이 아닌 집주인에게 중개료를 부과한다. 여러 중개업자가 같은 집을 보여주는 경우도 있을 텐데, 그래도 사양하지 말라. 같은 집에 대한 두 사람의 다른 설명에서 더 많은 정보를 얻게 되고, 제시하는 임대료도 다를 수 있다. 일부 중개업자들은 계약을 빨리 성사시킬 욕심으로 자신들이 챙기는 중개료의 일부를 당신에게 떼어줄 용의가 있기 때문이다. 임대 계약에 서명하고 임대료를 지불하면 그들은 집주인에게 대개 한 달 치 월세를 중개료로 받는다.

어느 곳이나 마찬가지지만 집은 위치가 핵심이다. 출퇴근 용이성과 자녀가 스쿨버스에서 보내는 시간의 균형을 맞출 필요가 있다. 택시를 포함해 대중교통에 의존할 생각이라면 긴 골목 끝에 있는 집은 피하라. 무더위 속을 한참 걸어 나와야 하거나, 추가로 오토바이 택시를 타야 할 수도 있다.

살 곳을 찾았으면 가격을 흥정한다. 중개업자가 계약을 빨리 성사시키고 싶은 욕심에 집주인에게 가격을 깎아서(그리고 자신의 수수료도 깎아서) 당신을 도와줄 수도 있다. 일정액을 선불로 내서(주로 6개월) 임대를 더 낮추는 방법도 있다. 부동산 중개업자들은 대체로 친절하고 임대료에 대해서도 진심어린 조언을 제공한다.

부차

새로 들어간 집에서 침실이나 다른 어떤 용도의 방이라고도 규정하기 힘든 작은 방을 발견한다면, 아마도 주인이 불상을 모셔두고 조용히 명상하기 위해 만들어둔 '부차pooja' 방일 것이다. 임대를 위해 불상을 치운 상태겠지만, 그렇지 않고 당신이 명상에 약간의 관심이 있다면 집주인에게 치우지 말아달라고 제안할 수 있다. 집주인은 아마 좋아할 것이다. 다만 불상을 정중하게 다뤄야 한다.

애완동물

고양이나 개를 태국으로 데려오는 것은 큰 문제가 아니지만, 반대로 이곳에서 들인 애완동물을 본국으로 데려가는 것은 문제가 될 수 있다. 많은 외국인은 만만치 않은 비용과 이 과정에서 주인과 동물 모두가 겪게 될 스트레스를 감수할 가치가 없다고 생각한다.

태국은 이따금 특정 국가에서 온 동물이나 조금 아파 보이는 동물들을 격리한다. 그러니 광견병을 포함한 애완동물 예방접종을 최대한 철저히 실시하고, 본국에서 출국하기 전 태국 대사관에 연락해 관련 제약에 대한 정보를 얻도록 하라. 애완동물을 추가 수하물으로 취급해 데려올 수 있다면(일부 항공사에서는 작은 동물을 적절한 컨테이너에 넣어 주인과 함께 탑승하도록 허용한다) 공항에 도착해 입국 허가를 받으면 된다. 구해놓은 집이 있다면 이 방법이 최선이다. 저렴한 호텔과 몇몇 레스토랑은 당신이 개를 데려가도 얌전하게 행동하기만 하면 불평하지 않겠지만, 대부분의 임시 숙소와 몇몇 영구 숙소는 애완동물에 대한 제약이 있다.

태국에서는 개와 고양이가 옴 피부병을 포함한 새로운 질병들에 직면해 있다는 사실도 상기하라. 동물병원은 대체로 시설이 좋은 편이고 전화번호부/인터넷에서 연락처를 찾을 수 있다. 숲속에서 살 준비가 되어 있지 않다면 작고 귀여운 원숭이나 도마뱀, 뱀 따위를 입양할 생각은 하지 말라.

학교

태국에는 외국인 자녀들을 위한 다양한 교육 기회가 있다. 다음은 태국에 오는 외국인들이 염두에 둘 가능성이 낮은 순서로 나열한 교육 기회들이다.

태국 학교

사실 외국인이 자녀를 태국 학교에 보내는 것은 합법이 아니지만 누구도 신경 쓰지 않는다. 특히 한쪽 부모가 태국인이고 당신이 '학비를 납부하는' 학교를 선택한다면 문제될 게 없다. 학비라고 해봐야 국제학교에 비하면 아주 적은 수준이고, 그것은 학교가 최선의 교사를 유치하고 장비를 구입하고 건물을 합리적으로 보수하는 데 추가적 자원으로 쓰인다. 예를 들어 외딴 지역에서 적은 봉급으로 생활하는 선교사나 은퇴 비자로 온 연금 생활자 같은 일부 외국인에게는 지역 학교 외에 대안이 별로 없을 것이다. 이런 사람들은 태국인들과 긴밀하게 접촉하지만 급여 수준이 낮다. 영어 교사가 대표적인 예다. 태국의 외국어 교사들은 박봉으로 생활하는 맞벌이 부부가 많다. 그들에게는 태국 지역 학교가 자녀를 보낼 수 있는 유일한 장소다.

태국 학교는 교수법이 구식이고 한 학급에 30~40명의 학생이 배정된다. 학생들은 대부분 시간을 책상 앞에 줄지어 앉아서 보내고, 교사는 칠판 앞에 서 있다. 저학년 수업은 주로 주입식으로 이루어지는데, 이는 외국인이 태국어를 배우기에 그리 나쁜 방법이 아니다. 외국인 아이들만 여기서 태국어를 배우는 것도 아니다. 방콕에서 멀리 떨어진 지역에서는 많은 학생이 집에서는 다른 방언이나 부족 언어로 말하고 학교에서 표준 태국어를 배운다.

꼭 외딴 지역이 아니더라도 자녀 나이가 어릴수록 태국 학교라는 대안을 고려해볼 만하다. 태국의 일부 유치원은 아주 좋다. 7세 미만 아이들이 중산층 태국 아이들과 함께 놀면서 태국어와 영어를 배울 수 있는 환경이다. 어쩌면 당신이 다니는 회사에서 학비를 대줄 수도 있지만 대개 유치원 비용은 대주지 않는다. 그러나 태국에서 자녀를 유치원에 보내는 데는 그리 큰돈이 들지 않고, 태국 유치원을 다녔다면 태국 초등학교 수준을 감당할 수 있다. 초등학교 교육과정은 전국적으로 평준화되어 있다. 1학년은 6~7세 아이들로 구성되며, 언어 학습의 큰 구성요소인 태국어 철자 암기부터 시작한다. 이렇게 배운 태국어는 절대 잊지 못할 것이다. 아이들은 시스템을 따라야 하고, 많은 일이 종소리와 학칙에 따라 이루어진다. 교복을 입고 다니며 하루 일과가 길다(오전 8시부터 오후 3시 반까지). 보통은 도시락을 싸와서 함께 먹으며, 학교 근처에 도시락을 파는 작은 식당도 있다.

홈스쿨링/통신 교육

잘 고려되지 않는 한 가지 대안은 부모가 직접 자녀를 가르치는 방법이다. 자녀가 7세가 넘었는데 보내기에 적당한 태국 학교가 없고, 태국 체류 기간이 1년 이하고, 당신의 회사에서 값비싼 국제학교의 등록금을 지원하지 않을 경우, 부모가 직접 가르치는 방법을 고려할 수 있다. 태국에서 홈스쿨링은 합법이다. 그러나 의무교육제도 때문에 태국인이 그렇게 하려면 신고를 해야 한다.

홈스쿨링을 계획 중이라면 본국에서 아이가 다니던 학교의 도움이 필요하다. 아이는 나중에 돌아와서 동급생들과 함께 공부하기를 원할 것이므로 학급과 주기적인 접촉을 유지하는 것이 좋다. 좋은 교사라면 당신이 출국하기 전에 해당연도에 필요한 모든 교과서와 목표, 에세이, 시험 등에 대한 전반적 틀을 확보하도록 도와줄 것이다. 교사의 관점에 따라 인터넷 연결이 흥미로운 가능성을 만들어낼 수도 있다.

국제학교

태국에 사는 대부분의 외국인 자녀는 국제학교에 다닌다. 외국인 학교가 워낙 많기 때문에 출국 전 여러 학교에 연락해 볼 것을 권한다. 어떤 학교는 학기 중 입학이 가능하고 어떤 학교는 가능하지 않다. 각 학교가 보내준 팸플릿이나 인터넷 사이트에서 답을 얻을 수 없는 질문은 직접 연락해 묻도록 한다. 다른 조건이 비슷하다면 가급적 집에서 가까운 학교를 선택하는 게 좋다. 태국 학교들은 수업을 일찍 시작하는 데다 방과 후 활동이 상당히 많아 등하교가 대체로 교통 정체가 심한 시간대에 이루어지기 때문이다.

태국 최고의 명문대학으로 손꼽히는 쫄랄롱꼰대학교.
아시아 고등교육기관 중 상위 50위 안에 든다.

출생 · 결혼 · 사망

이런 일들의 행정적 처리는 본국 대사관의 영사업무부 소관
이며, 대사관의 개입이 어느 정도 요구된다.

결혼

많은 태국인이 국제결혼을 하는데 대부분 외국인 남성과 태
국인 여성 사이에서 이루어진다. 대사관에서는 대개 간단한
면담을 마친 뒤 당신이 기혼자가 아니라는 증명서를 발급해준
다. 이 증명서와 함께 약간의 수수료를 내고 관할 시 · 군청에
서 결혼 신고를 할 수 있다.

외국인과 결혼한 태국 여성이 태국에서 토지와 주택을 구입
할 경우, 남편의 돈을 이용하지 않았다는 것을 명시하는 법적
증명서를 제출해야 한다(이혼 시 재산 분할과 관련한 많은 법적 분

쟁 이후에 생긴 법이다). 그녀는 결혼 전에 구입한 토지를 보유하고 후계자에게 물려줄 수 있다(후계자가 태국인이라면). 외국인 남성은 정해진 조건에 따라 콘도나 집을 구입할 수 있는데 이 조건이 항상 변하기 때문에 출입국관리소에서 확인해야 한다. 국제결혼으로 태어난 아이들은 법적으로 18세까지 이중국적을 소지할 수 있으며, 18세가 되면 어느 한 쪽을 선택해야 한다.

이혼을 하려면 결혼할 때와 마찬가지로 결혼한 지역의 시·군청에 가서 신고한다. 양자가 합의할 경우 절차는 아주 간단하다. 태국인 커플이건, 외국인과 태국인 커플이건, 태국에서는 굳이 공식적으로 결혼하지 않고 같이 사는 경우도 많다. 결혼한 커플들도 굳이 이혼을 하지 않는데, 이때 아내가 사라져버리면 대사관에서 혼인신고를 했던 외국인에게는 문제가 될 수 있다. 혹시라도 나중에 발생할 수 있는 소송을 피하고 태국 안이건 밖에서 다시 결혼할 수 있는 자유의 몸이 되기 위해서는 태국인 변호사를 통해 이혼증명서를 발급받는 것이 좋다.

태국인 여성과 결혼한다고 영주권이 생기는 것은 아니다. 반면에 태국인 남성과 결혼하는 외국인 여성은 보통 가족 비자를 발급받는데, 태국어를 배우고 태국에 5년 이상 거주하면 영주권이나 시민권을 신청할 수 있다.

자녀 출산

방콕과 치앙마이, 우돈타니 같은 주요 도시에는 괜찮은 출산 시설이 많다. 병원에서 부모의 국적을 명시하는 출생증명서를 발급한다. 공식적으로 결혼하지 않은 커플이라면 출생증명서에 아버지 이름을 꼭 기재해야 한다. 그렇지 않으면 '부친 미상'으로 표시될 것이다. 병원 증명서와 모든 출생 전 기록은 챙겨놓는다. 일부 나라에서는 여권을 발급하기 전에 이 서류들을 요구한다.

시·도청에 가서 태국어로 아이 이름을 신고하면 거의 즉시 공식적인 태국어 출생증명서를 발급해준다(외국어 증명은 존재하지 않지만 공인 번역사에게 공식 번역을 의뢰할 수 있다). 이 증명서를 여권 크기의 아기 사진과 함께 대사관으로 가져가서 본국 법에 따라 출생신고를 하고 여권과 출생증명서를 받는다. 해외에서 출생한 아이가 어머니 여권으로 여행하는 것을 허용하는 나라는 별로 없다. 그러니 여권과 여행증명서는 필수적이다.

부모의 국적이 서로 다를 경우, 태국인들은 통상적으로 아버지 국적을 따르는 것으로 간주한다. 아버지가 외국인인 경우 출생증명서에는 일단 '태국 국적 아님'이라고 표시될 텐데, 나중에 그것을 발급해준 관청으로 가서 내용을 변경할 수 있다. 부모 중 한쪽이 태국인이면 아이들은 태국 국적을 받을 수 있다.

사망

태국에서 누군가 사망하면 현지에 있는 자국 영사관에 도움을 요청해야 한다. 매장을 위해서는 시신을 방부 처리해 본국으로 송환할 수 있지만 비용이 많이 든다. 태국에서는 사원에서 화장하는 것이 일반적이다.

태국인과 결혼한 외국인은 영어나 자국어 그리고 태국어로 유언장을 써둘 것을 권한다. 특히 태국 외부에 있는 재산이나 돈을 태국 국적만 있고 태국에 사는 태국인 아내나 아이에게 상속하려면 더욱 그렇다.

돈 문제

은행

은행은 전국적으로 잘 발달되어 있고 ATM 같은 서비스를 도처에서 찾을 수 있으며, 전화와 온라인 문의도 가능하다. 보통 주말과 휴일을 제외하고 오전 8시 반부터 오후 3시 반까지 은행 문을 여는데, 태국 어디에나 있는 테스코 슈퍼마켓에서는 늦은 시간과 일요일에 열기도 한다.

외국 은행도 많이 들어와 있지만 외국인이라고 꼭 외국 은행과 거래할 필요는 없다. 사실 방콕 이외 지역에 지점을 둔 외국 은행은 별로 없어서 현지 은행에 계좌를 개설하는 게 더 편리하다(외국 은행도 모두 자국이 아닌 태국의 금융 규제를 받는다). 외국인들은 대개 시암상업은행, 방콕은행, 아유타야은행, 태국농민은행과 거래한다. 시골 지역까지 많은 지점과 ATM 기기를 둔 크고 견실한 은행들이다. 보통은 태국 바트화로 계좌를 개설하지만 은행에 가서 태국 거주증명서를 보여주고 달러로 계좌 개설을 요청할 수도 있다. 어느 쪽 계좌로든 직접이체가 가능하다. 태국 내 송금 수수료는 얼마 되지 않고 외국에서 태국으로의 송금 수수료는 은행마다 다르다.

은행에서 발급하는 현금카드를 이용해 일정 한도까지는 ATM에서도 현금을 인출할 수 있다(외국 은행은 수수료가 더 높을 것이다). 잘 알려진 국제적 신용카드로 외국 계좌의 현금을 카드 한도까지 인출하는 것도 가능하다. 수수료는 유동적인데 현재는 3%다. 전신환 송금은 3일 정도 걸린다.

본국에서 출국하기 전에 신용/현금카드 유효기간이 충분한지 확인하라. 취업 허가와 거주 허가가 해결될 때까지는 태국에서 은행 계좌를 개설할 필요가 없다. 입금은 자유지만 이자가 전혀 붙지 않기 때문에 유리하지 않다. 나중에 고용주의 편지와 여권, 비자를 가지고 가면 최소한의 형식적 절차를 거친 뒤 이자가 붙는 계좌를 개설해줄 것이다. 이 계좌로 공과금도 납부할 수 있다.

세금

외교관과 UN 직원 이외의 모든 외국인은 태국 내 활동으로 발생하는 모든 소득에 대해, 그 수입이 실제로 태국에서 지불되는지 여부와 관계없이 태국인과 동일한 기준으로 소득세를 납부해야 한다. 고용주는 직원들에게 지불되는 모든 급여와 기타수당에서 소득세를 원천징수할 책임이 있다. 태국에 적어도 180일 이상 거주한 사람들에게는 세금이 공제되는데, 납세자와 배우자 각각에 대해 3만 바트, 학교에 다니는 자녀 1명당 1만 5000바트까지 혜택을 받는다.

환전

바트의 위상은 최근 몇 년 동안 크게 변했으며 현재는 완전히 태환이 가능하다. 태국 밖에서 바트화로 환전할 경우 태국 내에서 환전하는 것보다 적은 액수를 받을 수 있으니 유의하라.

환전소는 공항 입국장과 출국장 내에서 찾을 수 있다. 일률적인 은행 환율을 제공하며 암시장은 없다. 호텔과 일부 쇼핑센터에서도 환전이 가능하지만 조금 불리한 환율을 적용받을 수 있다. 관광지에는 24시간 운영하며 공식 환율을 적용하는 환전소가 어딘가에 있을 것이다.

ATM에서 현금카드를 받기 때문에 여행자수표는 필요하지 않지만 혹시 카드를 분실했을 때의 안전장치로, 또는 비자나 여행 목적으로 이웃나라로 넘어갈 때는 유용할 수 있다. 여행자수표는 은행에서 교환하는 것이 가장 좋으며, 현금보다 환율을 높게 쳐준다. 단, 태국 바트는 이웃한 라오스 어디서나 받아주지만 라오스 킵은 태국에서 가치가 없다는 점을 기억해야 한다.

쇼핑

태국은 상인의 나라이며, 거의 모든 것이 대부분의 다른 나라에서보다 저렴한 가격에 판매된다. 본국에서도 판매되는 '메이드 인 타일랜드'라고 찍힌 옷이나 가재도구를 이곳에서는 몇 분지 1 가격으로 살 수 있다. 그러니 태국에 올 때 굳이 많은 물건을 가져올 필요가 없다.

방콕은 가끔 전체가 하나의 거대한 쇼핑 단지처럼 보인다. 방콕 외의 대도시에도 대부분 큰 매장을 찾을 수 있는 쇼핑 중심가가 있다. 대형 매장 단지에는 어딘가에 상시 영업하는 택배서비스가 있으며, 쇼핑몰 내에 다양한 식당과 패스트푸드점, 슈퍼마켓이 입점해 있다. 에어컨을 틀어 사계절 쾌적하지만 주말에는 혼잡할 수 있다. 쇼핑 단지 밖 가판대에서도 옷이며 시계, CD, 그리고 당신의 본국에서(심지어 태국에서도) 불법인 이런저런 물건을 판다.

방콕의 다른 쇼핑 구역으로는 싸판콰이 역 근처에서 열리는 짜뚜짝 주말시장이 대표적이다. 이곳에서는 옛것과 새것, 산 것과 죽은 것 할 것 없이 대부분의 물건을 구입할 수 있다. 열사병을 피하면서 가격 흥정이 가능한 곳을 원한다면 아침 일

방콕 싸판콰이 역 근처에서 열리는 짜뚜짝 주말시장.
태국 여행자들이 반드시 들르는 장소다.

찍 여기보다 한 정거장을 더 가서 종착역에서 내린 뒤 센트럴
플라자 랏프라오로 가보라. 에어컨이 켜진 쇼핑몰이 오전 10
시에 문을 연다(태국 어디서건 대부분의 대형 매장은 아침에 늦게 문
을 열지만 저녁 9시까지 영업을 한다).

치앙마이 창끌란 거리의 야시장은 밤 11시까지 문을 열지만
전처럼 관광객이 많이 찾지 않는다. 치앙마이에서는 이제 야
시장의 자리를 대규모 '주말시장'이 대신하고 있다. 주말시장
은 토 · 일요일 오후부터 이른 저녁까지 기분 좋은 보행자 전
용구역으로 변신하는 구시가지 거리 전체에서 열린다.

방콕 로얄오키드 쉐라톤 호텔 옆의 리버 시티라는 쇼핑 단
지에서는 진짜 동양 골동품을 구입할 수 있으며 가격 협상이
가능하다. 상점 주인들은 진품 증명서를 제공하고 포장 · 배달

을 해주며, 물건을 국외로 반출하기 위한 허가증도 받아줄 것이다. 또한 차이나타운이 있는 야오와랏에는 중국 물건들, 특히 한약재를 파는 곳도 있다.

태국 내의 많은 서점과 중고 서점에서 영어 책자를 쉽게 구할 수 있지만 당신이 원하는 것은 없을 수 있다. 중요한 책이라면 본국에서 가져가도록 하고, 그렇지 않으면 인터넷 서점에서 배달해서 볼 수 있다. 치앙마이는 동남아시아의 어느 도시보다 중고 서점이 많다.

태국에서 가격 흥정을 할 수 없는 장소는 고급 백화점과 슈퍼마켓, 음식점, 관광지 입장권 매표소 정도다. 태국 체류 기간이 180일 미만인 경우 공항에서 7%의 부가가치세(VAT)를 환급해준다. 그러나 이런 규정은 실제로 물건 가격이 비싼 대형 매장에만 적용된다. 물건을 살 때 매장에 부가가치세 환불 양식(PP10)을 요청하고 이 양식에 최소 2000바트 이상의 거래를 보여주는 영수증 원본을 첨부해 공항에서 제출하면, 총 지출액이 5000바트를 초과할 경우에 환불해준다.

일반적으로 VAT 환불을 많이 받을수록 저렴한 쇼핑에는 실패한 셈이다. 당신은 컴퓨터 대형매장인 판팁플라자의 정가판매 매장에서 컴퓨터나 프린터, 카메라를 구입하고 7% 환불 양식을 받을 수도 있고, 작은 매장에서 VAT 양식 없이 같은 제품을 15% 저렴하게 살 수도 있다. 가장 합리적인 방식은 쾌적한 대형 매장에 가서 원하는 물건과 가격을 확인한 뒤 밖으로 나가 최소한의 흥정으로 같은 물건을 15~20% 저렴하게 사는 것이다.

물건을 싸게 사려면 지불은 현금으로 해야 한다. 많은 매장과 슈퍼마켓에서 신용카드로 계산하면 3~4%의 추가 수수료를 받는다. 달러나 다른 통화도 받지만 대개는 불리한 환율이 적용되니 바트를 준비하도록 한다.

특정한 쇼핑 매장에 불만이 있거나 무엇을 사려면 어디로 가야 하는지 알고 싶을 경우, 관광객 직통 전화를 이용하면 된다(1115번을 누른 뒤 불만사항은 내선번호 1, 정보는 내선번호 2를 누른다).

건강과 병원

태국 대부분 지역은 거의 1년 내내 아주 덥고, 세균은 열을 좋아한다. 그러니 몸과 옷과 침구류를 청결하게 유지하고 신선한 제품을 먹도록 한다. 감염 병균들은 대개 곰팡이처럼 빠르게 퍼지지만 잘 씻고 항진균제를 바르면 쉽게 치료할 수 있는 것들이니 크게 걱정할 것은 없다.

말라리아성 모기가 출몰하는 곳은 태국 국경 지역 한두 곳뿐이다. 일반적으로 몸을 다 가리고 다니라고 권하지만 기온을 생각하면 옷을 홀딱 벗고 다녀도 모자랄 나라에서 참 바보 같은 조언이다. 그보다 합리적인 방법은 밤에 야외에서 식사할 때는 모기기피제를 바르고 에어컨을 켠 방에서 잠드는 것이다. 필요하면 90일간 약효가 지속되는 플러그인 방식의 모기약을 구입해 사용한다.

태국에서 말라리아를 옮기는 모기에 물릴 확률은 극히 적다. 그러나 어떤 모기는 다른 균을 옮길 수도 있으니 뎅기열이 발생했다면 주의하라. 뎅기열은 주로 줄무늬가 있는 큰 모기에 의해 전파되며, 초기 증상은 그리 대수롭지 않다. 열이 나고 가끔 구토가 나고 팔이나 가슴에 발진이 생겼다가 2~3일

지나면 없어진다. 그랬다가 10일쯤 지나서 아주 높은 고열이 닥칠 수 있다. 음식도 먹지 못하고 죽을 것처럼 쇠약해진다. 매년 정도의 차이는 있지만 주로 가난한 사람들이 뎅기열로 사망한다. 별다른 치료 방법은 없으며 대부분 몇 주 지나면 증상이 호전된다. 여력이 된다면 에어컨이 켜진 병실에서 링거 주사를 맞는 것이 좋다.

큰 병원들은 보험금 청구 문제를 다루는 특별 사무실을 두고 있다. 고용주가 비용을 지불하지 않는 경우에는 이 사무실에 가서 보험회사를 추천해달라고 요청하라. 입원할 경우 보험이 있으면 일처리가 훨씬 수월해진다. 보험증을 보여주거나 보험사 이름을 대면 병원이 보험사에 연락해 입원 비용을 대겠다는 보증을 받는다. 보험사 직원이 병원에 동행해도 놀라지 말고, 의사와 직원 사이의 비밀 유지를 기대하지 마라. 실제로 보험증서를 발급받을 때 의료정보 공개 동의서에 서명해야 할 것이다.

보험은 다양한 조건과 필요, 기간에 따라 그에 맞는 보장을 제공한다. 여유가 되면 최상의 보험을 드는 것이 좋겠지만 방콕 같은 대도시에 살면 필요 없는 보장들도 있다. 그래서 많은 외국인이 보험에 들기보다 그냥 병원에 갈 때 비용을 지불하는 쪽을 선택한다. 큰 병원 근처에 대체로 게스트하우스가 있다는 점을 감안할 때 그리 나쁜 판단은 아닐 수 있다. 병원에 입원하는 것보다 게스트하우스에 머물며 꽤 저렴하게 외래환자로 치료받을 수 있기 때문이다.

교통

교통이 복잡하고 혼잡한 대도시에서는 어떤 교통수단을 이용하는 게 스트레스를 덜 받고 비용도 적게 드는지를 진지하게 고려할 가치가 있다. 태국의 대중교통은 전반적으로 저렴하지만 어떤 경우 시간적 측면에서 매우 비싸게 느껴질 수 있다. 다양한 대안을 생각해보자. 태국에서는 다양한 조합의 교통수단을 이용할 준비가 되어 있어야 한다.

비행기

태국 내 항공여행 네트워크는 세계에서 가장 좋고 저렴하다. 많은 지역 항공사가 있으며 대부분 온라인으로 예매할 수 있다. 지도상에 나와 있는 몇몇 공항은 군대와 왕실 전용이니 유의한다.

태국 내 어느 대도시에서나 어디로든, 마음만 먹으면 쉽게 날아갈 수 있다. 북동부 우돈타니에서 남부 푸껫까지 기차와 버스로는 며칠씩 걸리지만 비행기로는 2시간도 걸리지 않으니 오히려 비용이 절감된다. 유일한 문제는 방콕에서 비행기 이용하기다. 방콕 공항에서 1시간 정도면 어느 도시로든 날아갈 수 있지만 방콕 내에 있는 두 개 공항 중 하나로 이동하는 시간이 훨씬 더 오래 걸린다. 그래서 방콕 사람들은 시내 중심에서 출발하는 기차를 더 잘 이용한다.

버스

에어컨 설비가 갖춰진 시외버스가 주요 도시들을 빠르게 연결한다. 방콕에서 동부로 향하는 버스는 동부터미널(수쿰윗 소이 400), 북부로 가는 버스는 북부터미널(캄팽펫 2 로드, 모칫 2)

에서 출발한다. 북동부행 버스는 북동부터미널(북부와 같은 위치)에서, 남부행 버스는 남부터미널(프라삔끌라오-나콘차이시 교차로)에서 출발한다. 모든 터미널이 방콕 변두리에 있어서 한참을 이동해야 한다.

저녁에 출발해 이른 아침에 도착하는 장거리 버스도 있다. 버스표는 터미널에서 구입하거나 여행사나 호텔을 통해 구입한다. 두어 번 정차하고 적어도 한 번은 간단한 식사가 제공된다. 일부 버스는 음료수나 담요 같은 서비스를 제공한다. 모든 시외버스에 화장실이 있으며, 비디오 화면이 있는 버스도 많다. 좌석은 편안하고 각도 조절이 된다.

방콕에서 치앙마이까지 버스로는 8~9시간 정도 소요되고, 북동부까지도 비슷하며, 최남단인 핫야이까지는 조금 더 걸린다. 간혹 시간 알림이 정확하지 않은 경우도 있으니 유의하라. 예를 들어 알림판에는 새벽 6시 도착이라고 되어 있는데 실제로는 새벽 4시에 도착하는 식이다. 새벽 4시는 방콕의 저렴한 호텔에 입실하기에는 불편한 시간이지만 택시를 타고 집으로 가기에는 편리한 시간이다.

여러 사람이 함께라면 미니버스를 대절해도 된다. 호텔 제공 버스는 비싸기 때문에 인터넷이나 여행사에 알아보는 것이 좋다. 아마도 운전기사와 차종에 따라 규정된 가격과 연료비 지불 조건이 있을 것이다. 일행이 대여섯 명 된다면 이쪽이 비용도 저렴하고 여행 경로와 쇼핑 장소를 조절하기에도 괜찮은 방법이다. 택시도 종종 합의에 따라 장거리 운행을 하는데, 집 앞까지 데리러 와서 정확히 원하는 장소로 데려다주니 편리하다. 요금은 사전에 구두로 합의한다.

시내버스는 그리 호화롭지 않다. 운전기사와 차장의 임금이 대체로 운임료 수입을 기준으로 책정되기 때문에 최대한 많은 사람을 태우려 하고, 차장이 버스 안을 이리저리 비집고 다니며 열심히 요금을 받는다. 버스들 간에 다음 정거장으로 가는 경쟁에서 앞서기 위해 손님이 없어 보이는 정거장은 그냥 지나치기도 한다.

승차를 위해 버스를 세우려면 손을 내밀어 정지신호를 하고(그러나 통하지 않을 수 있다) 버스에서 내리려면 차장에게 신호를 보내야 한다. 버스 기사는 차장이 말하는 두 단어에 따라 운행하는데, '출발'을 뜻하는 '빠이'와 '정지'를 뜻하는 '빠이'다(원래 전자는 '가다'를 의미하고, 후자는 '버스 정거장'을 의미한다). 외국인에게는 혼돈스러울 수 있지만 아무리 혼잡하고 시끄러운 버스에서도 이 방법은 완벽하게 통한다. 버스에서는 주머니와 핸드백을 조심하고, 뒷자리는 승려를 위한 좌석이라는 점을 기억해 특히 여성이라면 가까이 가지 않는다.

방콕 이외의 대도시에도 버스가 있지만 주기적으로 같은 경로로 이동하는 사람이 아니라면 툭툭을 더 많이 이용하는 편이다.

열차

인터넷에서 영어로 된 시간표와 요금 정보를 얻을 수 있다 (http://www.railway.co.th/Home/Index). 양식에 목적지를 입력하면 일정이 뜬다. 특정 좌석과 침대칸도 온라인으로 예약할 수 있다. 하지만 많은 사람이 인터넷 예약보다는 현장에서 표를 발급받는 공인된 여행사로 가는 것을 선호한다.

많은 외국인들은 천천히 달리며 주기적으로 음식과 음료를 제공하는 태국 열차를 좋아한다. 기차건 버스건 화장실 상태

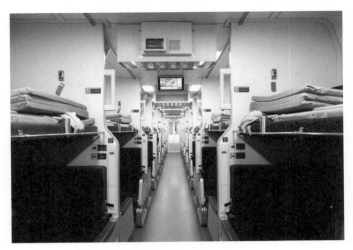

장거리를 오가는 열차의 침대칸.

는 당연히 출발할 때가 도착할 때보다 더 좋다. 에어컨이 나오는 2등석은 다른 사람과 마주보는 넓고 안락한 좌석을 제공한다. 장거리 여행 때는 적당한 시간이 되면 승무원이 이 좌석을 침대로 만들어준다.

요금은 저렴하다. 예를 들어 에어컨이 켜진 2등석 침대칸은 방콕에서 농카이까지 11시간이 걸리는데 요금이 겨우 500바트 조금 넘는다. 같은 구간에 1000바트면 1등석 객실의 두 침상 중 하나를 차지할 수 있다. 1500바트면 객실 한 칸과 전용 세면기까지 통째로 누릴 수 있다. 기차가 천천히 움직이기 때문에 숙면을 취할 수 있는데, 한 가지 풀리지 않는 수수께끼는 어떻게 그렇게 더디게 달리는 열차가 매번 두 시간씩 연착할 수 있느냐다.

방콕에서 북부나 북동부로 갈 때는 꼭 후알람퐁 중앙역에서 출발하지 않아도 된다. 편리한 역 어디서나 승차해도 되며, 많은 사람이 구 국제공항 맞은편에 있는 돈므앙 역을 선호하는 편이다.

관광열차도 유심히 찾아보라. 특별하고 아주 저렴한 열차가 있다. 그리고 태국 열차들의 특별한 어휘 사용법을 기억하라. '급행(express)'은 믿을 수 없이 느린('빠른') 열차나 거의 움직이지 않는('보통') 열차가 아닌 그냥 느린 열차를 가리킨다.

방콕 내에서 외국인들은 열차를 거의 이용하지 않는다. 역이 외진 곳에 있고 열차가 자주 다니지 않기 때문인데, 어쨌거나 정시에는 출발한다. 그리고 믿을 수 없이 느린 속도에도 도심 내 도로 교통보다는 빠를 수 있으며, 영어로 쓰인 역 표지판이 있어서 버스나 배보다 어디서 내려야 할지를 알기 쉽다. 중앙역과 몇몇 여행사에서 열차 시간표를 구할 수 있다.

태국은 북동부 농카이에서 출발해 방콕 근처를 거쳐 말레이시아 국경까지 가는 새 고속 노선을 계획 중이다. 이 노선이 완공되면 라오스를 통과해 중국까지, 그리고 말레이시아를 통과해 싱가포르까지 열차로 갈 수 있게 된다. 물론 아직은 계획일 뿐이다.

배

외국인들은 '동양의 베니스'라 불리는 태국에서 강과 운하 교통을 간과하는 경향이 있다. 방콕에서 운하는 빠르게 사라지고 있지만 여전히 수로 교통망이 도시의 많은 부분을 연결한다. 어느 곳에 사느냐에 따라 다르겠지만 이동 구간 중 배를 이용함으로써 최악의 교통 정체를 피할 수 있다. 짜오프라야 강을 따라 수상버스가 정기적으로 운항한다.

수상버스 요금은 저렴하고 이동 거리에 따라 다르다. 차장에게 목적지를 말하거나 지도에 표시해서 보여주면 내릴 곳을 알려줄 것이다.

방콕에 거주하는 많은 외국인이 다음과 같은 이유로 자동차 없이 살아간다.

- 대중교통 요금이 싸다.
- 국내선 비행기와 버스, 열차, 스카이트레인, 택시, 툭툭, 오토바이 택시로 원하는 곳 어디든 갈 수 있다.
- 며칠 간 여행을 할 때 운전기사를 포함하거나 포함하지 않은 자동차와 택시를 비교적 저렴하게 대절할 수 있다.
- 사고가 났을 때의 비용.
- 끔찍한 교통정체와 주차 어려움.

만일 자동차 없이 살 수 없다면 운전을 시작하기 전에 종합보험에 들 것을 권한다. 법적으로는 연간 1500~2000바트의 책임보험만 들면 된다. 종합보험은 최소 1만 1000바트 이상이 들지만 후진하다가 오토바이를 치거나 슈퍼마켓에 갔다 왔는데 범퍼가 찌그러진 것을 발견한다면 그만한 값어치를 할 것이다. 태국에서 자동차 소유주는 부유하다고 인식된다. 자동차 운전자가 자전거 운전자를 병원에 데려가면 비용을 대는 쪽은 자동차 소유주다. 사소한 사고는 현장에서 당사자 간에 합의로 해결하는 경우가 많다. 실수로 신호위반을 한 운전자(자동차 또는 오토바이)도 마음 좋은 경찰관을 만나서 얘기를 잘하면 그 자리에서 벌금을 내는 것으로 귀찮은 행정절차를 모면할 수 있다.

어떤 이유로든 태국에서 운전면허를 취득해야 하는 상황이라면 너무 걱정할 필요 없다. 그저 멀리서 자동차 번호판을 읽고, 객관식 시험에 합격하고, 자동차 시동을 걸고, 사고 없이 주차장 주변을 운전할 수 있으면 된다. 시골에서는 시험이 그리 어렵지 않다. 면허증 취득 비용은 저렴하지만 지갑에 100바트쯤 넣어 가서 당신이 모든 과정을 빠르고 순조롭게 마칠 수 있도록 도와줄 담당 공무원에게 감사를 표하면 좋을 것이다. 신청 양식이 태국어로만 쓰여 있기 때문에 그의 도움이 중요하다.

시중에서 상태가 양호한 중고차를 찾기는 쉽지 않다. 페이스북 그룹을 찾아보면 태국에서 사용하던 차를 팔고 떠나는 외국인들이 많으니 알아보라. 차를 결정했으면 구입하거나 운전하기 전에 출입국사무소에서 먼저 증명서를 발급받아야 하지만, 아마도 모든 매장에서 시운전을 허락할 것이다. 구입과 함께 보험 견적도 받아본다. 판매자에게 보험사 소개를 부탁하는 것도 괜찮다. 보험료는 대개 거기서 거기다.

택시

택시는 기본적으로 세 종류가 있다. 첫째, 지붕에 '택시' 표시를 달고 미터기를 장착한 차다. 이런 택시는 팁을 요구하거나 기대하지 않으며, 미터기에 찍힌 금액만큼 지불하면 된다.

두 번째로, 툭툭거리며 돌아다니는 '툭툭'이 있다. 택시보다 단거리를 가며 소음이 심하고 이론상으로만 저렴하다. 타기 전에 요금 협상을 해야 한다. 승객이 한두 명이고, 목적지를 정확히 알고, 비가 오지 않고, 태국어로 가격을 협상할 수 있다면 괜찮은 대안이다. 가격은 당신이 얼마나 급하냐에 따라 달라지는데, 기사가 너무 높은 값을 부르면 그냥 보내고 다음 툭툭을 기다리면 된다.

마지막으로, 긴 골목길 입구에서 떼를 이루어 어슬렁거리는 오토바이 택시가 있다. 어떤 오토바이는 의무적으로 사용해야 하는 헬멧을 포함해 2~3바트의 고정 요금을 받고 골목길만 왔다 갔다 한다. 또 어떤 오토바이는 합의된 가격으로 어디든 데려다준다. 회의 시간에 늦지 않기 위해 택시나 운전사가 모는 자가용을 버리고 오토바이에 올라탄 사업가들의 숫자를 보면 그 인기를 실감할 수 있다.

방콕과 대도시에는 고객이 전화를 걸면 택시를 보내주는 곳도 있는데, 20%의 추가요금이 붙고 행선지를 태국어로 말할 수 있어야 한다. 매일 일정한 경로로 이동한다면 한 택시 기사와 협의해 매일 특정 시간에 데리러 오게 할 수 있다. 아니면 우버 같은 승차 공유 서비스인 그랩^{Grab} 앱에 등록해 택시나

차를 부르는 것도 가능하다.

스카이트레인(BTS)

이 부분은 방콕에만 해당되는 이야기다. 모든 스카이트레인 (BTS, Bangkok Mass Transit System) 역에서 아주 포괄적인 지도를 무료로 구할 수 있다. 스카이트레인은 원래 관광용이 아니라 거주자의 통근을 위해 만들어졌지만 시스템이 단순하고 대부분 어디로 가고 있는지를 한눈에 알 수 있어서 외국인도 즐겨 이용한다. 태국어를 몰라도 방향 감각만 있으면 이용하기 좋은데 신체적인 노력은 좀 필요하다. 대부분 역으로 오르는 계단이 가파르고 엘리베이터나 에스컬레이터가 드물기 때문이다. 열차가 자주 다니지만 보통 사는 곳은 역에서 멀리 떨어져 있어서 오래 걷거나 툭툭을 타야 할 수도 있다.

열차는 오전 6시부터 자정까지 운행된다. 승차권 발매기에 동전을 넣고 편도 승차권을 구입할 수 있다. 현재 위치에서 목

방콕 시내에는 지하철 대신 지상철이 오간다. 시내에서 BTS 역 표지를 찾으면 된다.

적지까지의 요금이 영어로 분명하게 표시되며, 기본 20바트부터 시작된다. 키가 90센티미터 이하인 어린이는 무료다. 스카이트레인을 자주 이용한다면 매표소에서 정액권을 구입해 사용하는 것이 편리하다. 요금이 더 싸지는 것은 아니지만 매번 표를 사기 위해 줄을 서는 번거로움을 피할 수 있다.

이륜차

교통 정체와 주차의 어려움 및 비용에 지친 많은 외국인이 결국 오토바이를 구입한다. 오토바이는 자동차보다 훨씬 저렴하고 시내에서 이동 시간을 절반 이상 단축시킨다. 유리한 점은 신호에 걸릴 때마다 자동차들 앞으로 비집고 나가 신호등이 바뀌자마자 출발할 수 있다는 점이다. 반면 불리한 점은 6월에서 9월까지 우기에는 사용하기 어렵다는 점, 열대기후에 헬멧을 착용해야 한다는 점, 그래서 머리가 눌린다는 점, 매연과 먼지에 그대로 노출된다는 점, 높은 사고율, 특정 도로에서 특정 차선을 타지 않으면 벌금이 부과된다는 점 등이다. 운전을 할 때는 항상 면허증과 오토바이 등록증을 소지하고 다녀야 한다.

도보

태국은 한가로운 산책을 즐기기에 적합한 도시가 없다. 걸을 때는 도로의 움푹 팬 곳과 인도 위를 달리는 오토바이, 도처에 있는 철제 차양 기둥, 발밑의 걸인들, 신발 밑창에 달라붙을 수 있는 많은 불쾌한 것들을 잘 살펴야 한다. 그래도 걷고 싶다면 신발은 보기에도 괜찮고 방수도 웬만큼 되는 합성수지 제품을 권장한다. 우기에는 어깨에 방수 처리된 재킷을 입거나, 주머니에 챙 넓은 모자나 후드가 달린 가벼운 자전거용 망토 또는 유사시에 머리를 덮을 비닐봉지라도 챙겨서 다니는 것이 좋다.

걸을 때 따르는 모든 불편을 감수할 수 있다면 도보는 실제로 도시 내 이동시간을 줄이고, 운동도 되며, 진정으로 태국에 있다는 느낌을 줄 것이다. 합리적인 계획이 있다면 더 효과적이다. 지도를 꼼꼼히 읽고 한계를 알아보라. 예를 들어 플런칫에 있는 영국 대사관 앞에서 택시를 타고 펫부리 신도로로 가려면 아주 긴 교통 정체를 만나게 되고 요금도 제법 나오는데, 그 대신 지도를 보고 두 개의 일방통행로를 가로지르는 골목이 있다는 것을 찾아낸다면 교통 흐름에서 벗어나 도보로 5분만에 목적지에 당도할 수 있다.

어떤 대도시에서든 두 개의 도로 사이에 펼쳐진 사원 땅을 가로지를 수 있다. 거의 모든 사원에는 네 개의 문이 있고 대부분 열려 있다. 지도가 있다면 이동에 드는 시간과 돈을 절약할 수 있다. 태국의 어떤 도시에서든 길을 건너는 일이 하노이에서처럼 목숨을 건 게임은 아니다. 특히 방콕에서는 땀을 뻘뻘 흘리며 계단을 올라야 하는 육교를 자주 만나는데, 주변 길과 도로 상황을 알면 더 쉽게 다닐 수 있다. 자동차들이 멀리 있는 신호등을 보고 줄지어 멈춰서기를 기다렸다가 그 사이로 건너는 것이다. 쇼핑몰 통과하기도 좋은 방법이다. 대형 쇼핑몰은 복잡한 도로들 사이에서 지름길을 제공할 뿐 아니라 시원한 에어컨 바람에 몸을 식힐 기회도 준다.

표지판 읽기

길을 걸어 다니건 자동차나 오토바이를 타건, 표지판을 읽을 수 있으면 좋겠다고 간절하게 바라게 되는 순간이 올 것이다. '보행자 주의'라든가 '못 가는 것보다 늦게 가는 것이 낫다' 같은 정말 중요한 표지판은 영어로 번역되어 있지만 '정지' '위험' 같은 표지판은 태국어로만 쓰여 있다. 태국어를 읽지 못하거나 마치 암호 해독하듯 천천히 읽는 수준이라면 이런 신호를 사진처럼 머리에 저장해두는 것이 좋다.

6
태국의 음식

당신이 준비한 카레에서 나는 쿠민 향을 맡습니다.
당신의 요리를 맛본 남자는 누구나 당신을 열정적으로 갈망하고
오직 당신만을 꿈꿀 것입니다.
– 라마 2세의 시 중에서

먹는 것은 태국인들에게 국민적 여가이며, 많은 태국인이 기회가 생길 때마다 매번 유혹에 넘어감에도 불구하고 운 좋게 날씬한 몸매를 유지하고 있다. 태국에서 먹을 기회는 얼마든지 있다. 거의 모든 거리 구석구석에서 뭔가를 판다. 사람들은 퇴근하고 저녁을 먹기 전에 친구들끼리 만나서 간단한 간식을 즐기곤 한다.

태국에서 유흥은 음식을 기본 전제로 한다. 태국인에게 술을 마시자고 초대하면, 그들은 당연히 술과 음식이 함께 나오는 줄 알 것이다. 저녁식사 후에 보자고 하면, 초대자가 윗사람인 경우 어쨌든 오긴 하겠지만 속으로는 인색하다고 생각할 것이다. 태국에서 음식은 술로 이어지고 술은 춤으로, 그리고 가라오케로 이어진다.

태국 요리는 세계적으로 유명하지만 태국의 대도시들은 태국 요리 외에도 세계 각국의 음식을 파는 레스토랑이 많기로 유명하다. 외국인들은 본국에서 파는 것보다 가격도 훨씬 저렴한 훌륭한 요리를 맛볼 수 있다고 감탄한다. 대부분의 음식점은 봉사료가 부가되지 않는다. 소박한 음식점 주인들이 팁을 바라진 않겠지만 "잔돈은 넣어두세요."라고 말하면 고마워할 것이다. 호텔과 고급 레스토랑에서는 종종 영수증 금액 옆에 '++'가 표시된다. 이는 청구서에 10%의 봉사료와 7%의 부가가치세를 부가했다는 뜻이다. 그 중간 지점에 다양한 수준

태국에서 먹을 기회는
얼마든지 있다.

의 음식점이 있는데, 의무적으로 추가되는 금액은 없지만 계산서를 은쟁반이나 고급스러운 벨벳 받침에 받쳐 가져오는 것으로 판단하건데 팁을 기대하는 장소들이다.

팁에 관한 결정이 고객에게 달려 있는 장소에서는 청구된 금액의 10% 정도를 주면 적당하다. 태국인들은 많은 금액을 쓴 경우엔 보통 팁을 5% 정도로 줄인다. 서점과 인터넷에 태국, 특히 방콕의 식도락과 관련된 안내서가 가득하므로 여기서 특별히 제안하지는 않겠다.

태국인들은 기본 삼시세끼 외에 가끔은 오리엔탈 같은 호텔에서 호화로운 맛과 분위기를 즐긴다. 오후에 강가에서 즐기는 차와 다과는 습관으로 삼고 싶은 멋진 경험이다. 그 대척점에 센트럴백화점과 그밖의 쇼핑몰에 입점한 훌륭한 음식점들(태국 음식, 양식, 일본 음식 등)이 있다. 쇼핑몰에는 보통 제일 위층이나 지하에 푸드코트가 있어서 아무 테이블에나 앉아 주변에서 파는 다양한 음식을 사다 먹을 수 있다. 이런 푸트코트들은 태국에서 찾을 수 있는 가장 저렴하면서도 괜찮은 음식을 제공한다. 정확히 무엇을 파는지, 그것이 어떻게 조리되는지를 볼 수 있어서 손가락으로 가리키기만 하면 주문이 완성된다. 소스는 음식이 나오는 곳에서 구할 수 있고 쟁반과 수저, 물컵이 일정한 장소에 놓여 있다. 보통은 카운터에서 판매하는 식권으로 식대를 지불한다. 1인당 100바트 정도면 디저트까지 해결하기에 충분하고, 제법 괜찮은 기본적인 태국 음식을 한 접시당 1달러 정도에 먹을 수 있다. 사용하지 않은 식권은 현금으로 즉시 환불해준다.

태국 전통 음식

태국 음식은 딱히 아침, 점심, 저녁의 범주로 구분되지 않는다. 점심과 저녁은 똑같이 메뉴 선택의 폭이 넓은 반면, 아침은 주로 밥에 먹다 남은 반찬이나 생강, 다진 고기를 넣고 끓인 죽(쪽) 한 그릇 정도로 해결한다. 여기에 '말오줌 달걀'이라는 별명을 가진 송화단과 기호에 따라 다양한 고명을 얹어 먹는다. 죽은 위에 부담을 주지 않으며 오히려 속을 달래주기 때문에 밤 문화를 즐기는 올빼미족들이 하루를 마감하며 즐기는 음식이기도 하다. 자정 이후 시장에서, 또는 태국 호텔에서도 일반 조식으로 판매한다. 고명을 얹지 않은 기본 죽은 설사 치료에도 좋다. 어느 슈퍼마켓이나 식료품점에서든 싼 값에 구입할 수 있다. 특별한 메뉴를 둔 레스토랑에서는 죽을 포함하지 않은 경우가 많지만, "텅 드언"(설사를 해요) 또는 "젭 텅"(배가 아파요)이라고 설명하면 종업원들이 안쓰러워하며 친절하게 다른 곳에서 구해다주기도 한다.

또한 태국 어디에서든 계란과 베이컨이 포함된 영국식 아침 식사를 먹을 수 있는데, 태국인들은 이것을 '아메리칸 브렉퍼스트'라고 부른다.

양념

소금과 후추 통은 양식당에만 있다. 보통은 어느 테이블에서든 남플라(피시소스)와 프리키누(태국고추), 또는 두 가지를 섞은 양념을 찾을 수 있다. 제공되는 음식에 따라 다양한 남찜(찍어먹는 소스)이나 까티엠(마늘), 마나오(라임), 설탕과 간 땅콩 같은 손님이 직접 첨가할 수 있는 재료가 함께 제공된다. 가장 소박한 곳에서는 보통 오징어 그림이 그려진 큰 통에 담긴 피시소스를 찾을 수 있다. 태국에서 소금을 대신해 널리 이용하는 재료다. 씨이우(간장)는 중국 요리에만 사용하기 때문에 테이블에 없을 가능성이 많지만 원한다면 요청해서 먹을 수 있다.

'마끼'라고 불리는 맛간장 역시 널리 쓰이는 양념 중 하나로, 태국인들이 많이 중독되어 있다. 향미 증진을 위해 모든 요리에 어느 정도의 MSG가 첨가되어 나오며, 가끔 마끼를 따로 제공하기도 한다. 미국에서 MSG의 영향에 대한 의구심이 제기된 뒤로 일부 음식점들은 영어로 'No MSG'라는 문구를 표시하기 시작했다. 당신이 MSG를 원치 않고 그 뜻을 종업원에게 전달할 수 있다면 어느 음식점에서든 그렇게 요리해줄 것이다.

10대 인기 요리

• 똠양꿍

보통 새우와 기타 해물이 들어간 맵고 시큼한 수프. 라임과 고추로 맛을 내며, 조금 맵기는 하지만 상쾌한 느낌을 준다. 안에 들어간 재료는 먹기 위해서가 아니라 맛을 내기 위해 넣은 것들이다. 똠양꿍은 대부분의 태국인과 외국인들이 좋아하는 국민 요리다.

• 얌운센

투명한 면을 이용한 샐러드. 똠양꿍과 마찬가지로 라임과 피시소스, 고추로 맛을 내며, 새우와 신선한 허브를 풍부하게 올려서 제공한다. 언제 어디서나 사랑받는 메뉴로, 매운 정도를 선택할 수 있다.

• 팟타이

쌀국수 볶음. 중국이나 인도에서 기원했거나 영향을 받은 대다수 요리들과 달리 진정한 태국 고유 요리다. 새콤, 달콤, 매콤한 국수에 땅콩과 추가적으로 고추와 라임을 뿌린다. 점심 메뉴로 인기다.

• 팟바이끄라파오

닭고기나 소고기, 해물에 마늘과 고추를 듬뿍 넣고 볶은 요리. 매운 홀리바질 잎을 넣어 더욱 강한 맛을 낸다. 밥(그리고 물)과 함께 먹는다.

• 그릴에 구운 닭고기와 찰밥

일반 밥 대신 찰밥을 먹는 북동부 지역에서 기원한 음식. 통닭(또는 조각 닭)을 허브와 향신료에 재웠다가 숯불 위에서 그릴로 굽는다. 이 인기 요리는 가정에서는 별로 해먹지 않고 주로 길거리에서 사먹는다. 아침이나 점심, 저녁 또는 간식으로 언제나 먹을 수 있다. 특히 태국 위스키나 탄산음료, 맥주와 잘 어울린다.

• 쏨땀

가늘게 채 썬 그린파파야로 만든 양념 맛이 강한 샐러드. 역시 북동부 지역 음식으로 그릴에 구운 닭고기, 찰밥과 함께 먹으면 완벽하게 균형 잡힌 한 끼 식사가 된다.

- 깽쏨

  주로 저녁에 제공되는 맑고 시큼한 생선 카레. 정통 깽쏨은 세 가지 맛이 난다. 시큼한 첫맛 뒤에 짠맛과 아주 약간의 단맛이 뒤따른다. 완벽한 깽쏨을 만드는 것은 쉽지 않으며, 초보 요리사는 항상 이 음식을 잘 만드는 능력으로 평가 받는다.

- 남프릭 까피

  야채를 찍어 먹는 칠리 딥 소스. 새우장과 고추, 마늘, 라임즙으로 만들며 주로 생야채나 찌거나 튀긴 야채가 함께 나온다. 예산과 미각에 따라 아주 단순하게도, 복잡하게도 즐길 수 있다.

- 깽키여우완

  매운 녹색 카레. 국민 요리로, 주로 쌀국수와 함께 먹는다.

- 카우쿡까삐

  예로부터 태국인들에게 사랑받았지만 강한 맛 때문에 외국인들에게는 그다지 인기가 없는 음식. 새우장에 밥을 볶아 자극적인 맛이 난다. 이 음식을 정말로 독특하게 만드는 것은 다양한 고명이다. 바삭하게 튀긴 야채와 달걀 지단, 바삭하게 튀긴 작은 새우, 얇게 저민 샬롯, 라임 조각, 코코넛 슈가로 조리한 달콤한 돼지고기, 마지막으로 얇게 채 썬 망고를 밥 위에 올린다.

일상적인 식사

평균적인 태국인이 일상으로 먹는 식사는 그리 특별하지 않은데 '특별한' 경우가 아주 빈번하게 발생한다. 비교적 많은 사람들이 한자리에 초대받아 음식을 즐기며, 이런 식사는 일반적으로 코스 요리가 아니라 모든 음식을 차려놓고 먹고 싶은 것을 아무 순서로나 먹는 방식이다. 디저트나 커피 또는 차도 포함되지 않는다. 가정에서는 보통 식사와 함께 물을 마시고 특별한 경우에만 술이나 맥주를 곁들인다. 태국에는 다양한 안주 요리가 있으며, 외부 모임에서는 식사와 음주를 겸하는 경우가 많다.

가장 소박한 식사도 태국 음식의 본질을 담고 있는데, 그것은 바로 넉넉한 밥과 음양의 조화다. 여기서 음양의 조화란 음식이 달콤함과 동시에 시큼하고, 매콤함과 동시에 짭짤할 수 있으며, 카레 요리의 매운 맛을 '무맛'인 수프로 중화할 수 있음을 뜻한다.

북부와 북동부에서는 '카우니여우'라고 하는 찹쌀밥을 일상적으로 먹는 반면, 중부와 남부에서는 '카우짜우'(카우쑤어이라고도 한다)라는 일반 쌀밥을 먹는다. 북동부에서도 집이 아닌 음식점에서는 대부분 카우짜우를 판매한다. 카우니여우는 숟가락으로 떠 먹기 힘들어서 손으로 먹는다. 나무 찜통에 쪄낸 밥을 손으로 떼어 손바닥 위에 놓고 한입 크기로 동글납작하게 뭉쳐서 다양한 음식이나 소스에 찍어 먹는다. 여럿이 먹을 때 원하는 음식에 손이 닿지 않을 경우, 그 음식을 달라고 말하면 자연스럽게 음식의 위치가 바뀔 것이다. 카우짜우는 종종 큰 그릇에 담겨 서빙 스푼과 함께 식탁의 한가운데 놓는다. 개인 그릇에 원하는 만큼씩 덜어서 먹으면 된다.

카우니여우(찹쌀밥)를 주식으로 하는 북부 지역에서는
숟가락 대신 손으로 밥알을 뭉쳐 먹는다.

가족들끼리는 별다른 격식을 차리지 않지만, 외국인 손님이
있을 경우 상황이 조금 달라지고 평소보다 메뉴가 늘어날 것
이다. 다만 가족이 식사하려는 순간 우연히 찾아갔다면 그렇
지 않을 수 있다. 이럴 때 대개는 함께 식사하자는 초대를 즉
석에서 받을 텐데, 정중히 사양하고 재차 초대할 때까지 기다
리는 것이 좋다.

집주인에게 음식에 대한 칭찬을 하되 너무 과하게 하지는
말아야 한다. 그랬다간 괜히 자신이 소화시킬 수 있는 것보다
더 많은 음식을 먹게 될 수 있다. 음식을 정말로 즐기고 있다
는 것을 보여주되 접시를 완전히 비우지는 마라. 안 그러면 집
주인이 음식을 충분히 제공하지 않은 것을 자책하며 접시를
계속 채워올 것이다. 원하는 것보다 더 많은 음식을 권할 경우
"임래우"(배가 부릅니다)라고 여러 차례 말하며 사양하면 된다.

태국인 가족의 초대로 식사를 했다면 2차로 레스토랑이나

카페에 가서 아이스크림이나 맥주를 즐기자고 제안하는 것이 예의 있는 행동이다. 이를 대접이 부족했다는 표시로 받아들이지는 않을 것이며, 제안을 받았다는 사실만으로 고맙게 생각할 것이다.

외식

외식은 태국인들에게 일상적인 경험이다. 가장 인기 있는 간식을 하나만 꼽으라면 아마 쏨땀(파파야 샐러드)일 것이다. 쏨땀은 태국을 상징하는 음식이라고 할 수 있다. 쏨땀이 없는 곳은 태국이 아니다. 그러나 양념 맛이 강하기 때문에 외국인의 취향에는 썩 맞지 않을 수 있다.

태국에서 외식을 할 때 죽음이나 다른 진지한 주제에 대해 이야기하는 것을 꺼린다는 사실 외에는 딱히 금기랄 것이 없다. 어떤 음식도 금지되지 않으며, 어떤 순서로 먹건 상관없고, 하나를 먹는다고 다른 것을 못 먹지도 않는다. 규칙이 있다면 '언제 어디서든 무엇이든'일 뿐이다. 태국인들은 주머니 사정이 허락하는 한 마음껏 먹고 마시는 것을 즐기며 그 한도를 넘기는 경우도 빈번하다.

살생에 대한 불교의 제약도 태국인들의 육식을 막지 못하고 심지어 승려들도 고기를 먹는다. 음주는 남성과 여성 모두에게 사회활동의 일부이며 흡연도 여전히 흔하다. 음주와 운전은 양립할 수 없는 행동이라는 캠페인을 이따금 벌이지만 모든 운전자가 자신에게만은 이 원칙을 엄격히 적용하지 않는 것처럼 보인다.

간식

음식을 먹지 않을 때도 태국인들은 다음 식사에 대해 이야기하거나 생각한다. 도처에 먹을 것을 파는 노점상이 있어 간식을 사먹기도 쉽다. 진부하고 뻔한 샌드위치를 파는 기계적인 노점상을 상상하지 말라. 대나무 멜대의 양쪽에 식당 하나를 통째로 지고 다니는 진정 살아있는 노점상들이다.

음식점과 '고급 음식'

태국인들은 집에서도 손님 접대를 하지만 특정한 날에 누군가를 초대할 때는 음식점으로 부르는 경우가 많다. 태국인들은 여럿이 모여서 음식을 먹는 것을 좋아한다. 남들과 어울리기 좋아하는 본성을 만족시키고 다양한 음식을 맛볼 수 있기 때문이다.

아마도 태국의 음식점 주인은 세계에서 가장 관대한 편에 속할 것이다. 몇몇 허세 부리는 값비싼 레스토랑을 제외하면 추가 비용 없이 본인의 술을 가져가서 먹을 수 있다. 심지어 음식을 가져가서 먹는 것도 가능하다.

일부 행상들은 음식점과 음식점을 오가며 마른 오징어나 새 튀김(부리까지 바삭한!) 등의 별미를 판다. 어떤 음식점에 원하는 음식이 전부 갖춰져 있지 않다면 옆집에 있을 가능성이 있고, 이를 요청하면 가게에서 사람을 보내 사다준다.

한 가지 아쉬운 점은 진짜 태국 식당(주인이 아니라 음식과 고객의 측면에서)들은 일찍 문을 닫는다는 것이다. 태국인들은 보통 여섯 시 정도면 저녁을 먹는다. 그래서 가격도 저렴한 '진짜' 태국 식당들은 방콕에서도 오후 여덟 시면 문을 닫는다. 너무 일찍 가면 혼잡하고 시끄럽고 더울 것이고, 너무 늦게 가면 음식이 남아있지 않을 것이다.

진정한 태국 전통 음식은 만드는 데 시간이 오래 걸리고 값도 싸지 않다. 이런 고급 음식들은 전통적으로 왕족을 위한 것이었다. 방콕 컨벤트 거리 주변에 있는 한 음식점은 전통적인 방식으로 궁중 요리를 한다고 주장하며 그에 걸맞게 가격도 아주 높은데, 똑같이 고급이지만 가격 면에서 더 나은 대안으로 '캐비지 앤 콘돔Cabbages and Condoms'을 추천한다. 이곳은 내가 상호를 밝히며 대놓고 소개하는 유일한 음식점이다. 고객이 좋은 조건에 식사를 할 수 있고 식당의 수익을 성교육과 에이즈 예방 프로그램에 쓴다고 알려져 있기 때문이다. 현재 파타야와 치앙마이, 나콘랏차시마에 지점이 있다.

평균적인 태국 메뉴는 영어로 음역되거나 번역된 이름(소똥이니 말오줌 계란이니 쥐똥이니 코끼리 생식기 따위)만 보면 좀 이상하게 들린다. 그러나 생야채와 매운 고추, 그리고 알 수 없는 동물들의 다양하고 이상한 부위를 몇 번 시도해보면, 외국인들도 현지인 못지않게 식도락을 즐기게 된다. 태국 요리는 이제 전 세계적으로 유명하며, 많은 음식점이 국제적 입맛에 맞게 양념을 줄인 메뉴를 제공하고 있다.

태국인들은 음식을 먹을 때 격식에 얽매이지 않는다. 대부분은 포크와 숟가락을 양손에 들고 음식을 먹는데, 숟가락은 오른손에 쥐고 음식을 입으로 가져가는 데 사용하며, 포크는 숟가락에 음식을 밀어 넣는 용도로 쓴다. 한 가지 예외는 스파게티로, 왜 그런지 모르겠지만 스파게티만은 포크와 나이프로 먹는다.

시골에서는 종종 포크를 생략한다. 그리고 찰진 밥을 반찬과 먹을 때 필요한 도구는 오른손뿐이다. 중국인 가정을 제외하면 젓가락 사용은 흔치 않다. 국수와 뽀삐아(춘권) 그리고 유명한 쏨땀을 먹을 때만 젓가락을 쓴다.

국수가 아닌 일반 식사를 할 때는 보통 젓가락이 아닌 숟가락과 포크를 사용한다.

식탁에 앉아서 먹건, 바닥에 음식을 중심으로 빙 둘러앉아서 먹건, 별다른 제약 없이 자유롭게 먹으면 된다. 그러나 칵테일파티가 아니라면 서서 먹거나 걸으면서 먹는 것은 이상하게 여길 것이다.

대부분 문화권에서처럼 음식을 입에 물고 이야기하거나 손가락을 빠는 것은 예의가 아니다. 또한 음식을 충분히 먹음으로써 맛있다는 것을 보여주는 것은 정상이지만 지나치게 탐욕스러워 보이면 좋지 않다. 모든 음식이 눈앞에 차려져 있기 때문에 아무 순서로나 원하는 대로 골라 먹으면 되고, 더 나올 음식이 있는지 없는지 고민할 필요가 없다.

개인 그릇의 밥을 다 비우면 누군가 더 먹으라고 권할 것이다. 그렇지 않으면 직접 덜어다 먹으면 된다. 음식에 대한 칭찬은 진심으로 느껴져야 한다. 당신이 처음 배우게 될 태국어 중 하나는 아마도 "아로이"(맛있다)와 "아로이 막"(매우 맛있다)일 것이다. 매운 음식을 잘 먹지 못한다면 음식점에서 주문할 때 "마이 펫"(맵지 않게)을 덧붙이면 된다. 외국인이 매운 음식을 거부하는 것을 민망하게 생각할 필요는 없다.

계산

누군가 당신을 집으로 초대했다면 당신이 음식 값을 계산하겠다고 나설 일이 없을 것이다. 외식에 가서도 같은 원칙이 적용된다. 초대자가 계산을 한다. 당신이 누군가를 초대해서 함께 식사를 하고 싶다면 계산은 당신 몫이다. 그 외에 누군가의 분명한 초대 없이 만나게 되는 상황이라면 보통은 연장자가 계산한다(절대적인 원칙은 아니다).

동등한 사람들끼리 먹고 마시는 자리에서도 더치페이는 아직 태국의 문화가 아니다. 보통은 누구든 자신이 계산하겠다고 나선다. 그는 모두들 충분히 먹고 마셨는지를 확인한 후 종업원에게 조용히 계산서를 청할 것이다(계산서는 영어로 '빌' 또는 태국어로 '빈'이라고 말하면 된다). 매번 계산을 하지 않거나 누군가 계산했을 때 자기 몫만 내겠다고 하는 것은 태국인 동료들을 혼란스럽게 하고, 심지어 모욕하는 행동으로 비춰질 수 있다. 태국인들은 그런 사람을 '키니여우(구두쇠)'라고 부른다. 이런 평판은 사회생활에 방해가 될 뿐 아니라 사회적 위상과 사업 기회에도 심각한 영향을 미칠 수 있다. 너무 인색해 보이지 않도록 조심해야 한다.

7
태국 문화
즐기기

즐기면 영원히 살 것이다.
– 치앙마이 우몽 숲속 선원에 있는 문구

축제

나는 태국이 태국인에게도, 외국인에게도 재미있는 곳임을 알고 있다. 태국에서는 전적으로 재미 없는 일은 할 가치가 없다고 여겨진다. 직장에서도 꼭 기억해야 할 사실이다.

태국은 다른 어떤 나라보다도 축제가 많다. 날짜가 음력인 것도 있고 양력인 것도 있다. 여기 소개하는 주요 축제와 의식들은 양력으로 쇠는 경우에만 구체적인 날짜를 표시했다. 태국관광청 공식 웹사이트 '행사와 축제(Events and Festivals)' 메뉴에서 그 외 모든 축제와 날짜를 확인할 수 있다.

태국 달력에는 대개 중요한 종교 행사와 몇몇 축제, 보름과 초하루 날짜가 표시되어 있다. 《사와디》를 포함한 태국의 기내 잡지들은 다가올 축제에 대한 기사를 다룬다('사와디'는 태국에 도착해서 비행기에 내리기도 전에 당신이 알게 될 단어로, "안녕하세요"를 뜻한다). 이곳에서 세속적 축제와 종교적 행사는 어느 정도 공통점이 있기 때문에 그 둘을 따로 구분하지 않고 목록을 하나로 만들었다.

모든 축제는 재미있다. 아니, 재미있어야만 한다. 많은 축제가 은행과 관청이 문을 닫는 공휴일에 펼쳐진다. 태국인들은 축제를 최대한 즐기며 먹고 마시는 것이 축제의 큰 부분을 차지한다. 축제들 중 어떤 것은 전통적이고 자발적으로 생겨난 것이 아닌, 인위적으로 만들어진 것이지만 태국인들은 별로 개의치 않는다. 그들은 축제가 없으면 만들어낸다.

태국 사람들은 주말에 일을 쉬지 않고 보름달과 반달이 뜨는 날에 쉬는 전통이 있다. 만일 고용한 가정부가 이 전통을 지키기를 원하면 그렇게 해주는 것을 고려해보라. 이 날은 태국인, 특히 여성들이 승려에게 음식을 보시하러 간다. 주지승이 가장 많은 방문객을 받고 사원에서 설법을 하는 날이기도 하다. 가정부에게 하루 종일 휴가를 주기 힘들다면 적어도 아침 몇 시간은 빼주는 것이 좋다. 태국 여성들은 그래야 행복해한다. 이는 단지 행사나 축제가 아니라 기독교인들의 일요일 미사와 같은 의미를 띠기 때문이다.

주요 일정

1월

신년(양력 1월 1일)

공휴일. 전통적인 태국 설날도, 종교적인 행사일도 아니지만 파티를 많이 한다.

프라탓파놈 Phra That Phanom

일주일 동안 태국 각지와 이웃나라 라오스에서 순례자들이 찾아와 북동부 나콘파놈에 있는 가장 신성한 '탓'(사리탑을 일컫는 이산 말)에서 공덕을 쌓는다.

2월

치앙마이 꽃 축제

날씨와 개화 상황에 따라 날짜를 정한다. 치앙마이에는 서늘한 계절에 피는 꽃들이 많다. 그래서 무더운 계절이 시작되

프라탓파놈 기간에 찾아와
공덕을 쌓는 사람들.

기 전, 꽃들이 한창일 때 관광객을 유치하기 위해 지자체에서 만든 행사다. 지금은 태국인들에게 가장 큰 사랑을 받는 축제 중 하나로, 미인선발대회 후보자들을 태운 긴 꽃수레 퍼레이드와 전통춤, 민속춤, 길거리에서 연주하는 전통악기 공연이 특징이다. 술도 많이 마신다.

마카부차 Makha Puja (만불절)

인도식 음력으로 3월(중국식 음력 1월) 대보름 날이다. 1250명의 승려가 부처님께 자발적으로 찾아와 첫 번째 대규모 설법을 들은 것을 기념하는 날이다. 대부분 사원에서 저녁 설법을 열고, 설법이 끝나면 촛불을 들고 주불상이 있는 본당 주위를 시계방향으로 세 번 돌면서 행진을 한다.

프라나콘키리 Phra Nakhon Khiri 축제

역시 최근에 '만들어진' 축제지만 신나게 놀기 위한 구실이 아닌 역사적, 건축적 관심에서 비롯되었다. 사원마다 촛불이나 전등을 환하게 밝히고, 나콘키리 시내가 내려다보이는 언덕에 있는 카오왕(옛 라마 4세의 여름 별장)에서 조명 쇼를 펼친다. 태국어로 '카오'는 산, '왕'은 궁전을 뜻하며, 프라나콘키리가 이 건축물의 정식 이름이다. 일주일 동안 태국 전통춤과 연극이 공연된다.

2~3월

중국 설날(중국식 음력 1월 1일)

대다수 중국계 태국인이 사는 도심지에서 사자춤과 불꽃놀이가 펼쳐진다. 축제는 3일간 이어지는데 이 기간 동안 많은

역사적으로나 건축적으로 가치가 큰 축제 장소인 프라나콘키리.

음식점이 적어도 얼마간은 문을 닫는다. 이때 외국인들은 태국인 직장 동료들 중에 중국에 뿌리를 두고 있거나 중국인 친척이 있는 사람이 얼마나 많은지를 깨닫게 된다.

· 3월

보석 박람회

수출부가 만든 행사로 방콕의 대형 호텔에서 열린다. 이 업계에 종사하고 있거나 그냥 진품을 살 수 있는 보장을 원한다면 유용할 것이다.

파놈룽 Phanom Rung (3월 마지막 주)

대부분 부리람주에 분포되어 있는 잘 복원된 크메르 사원 단지에서 열린다. 파놈 언덕으로 올라가는 행렬과 인상적인 조명 쇼가 프라나콘키리 축제와 흡사하다.

짜끄리의 날(4월 6일)

1782년 짜끄리 왕조가 세워진 날을 기념하는 공휴일이다.

송크란/태국 설날(4월 13~15일)

종교적 요소와 세속적 요소가 결합된 태국의 대표적인 축제이자 명절날. 많은 태국인이 더없이 즐거워하는 날이지만 일부 외국인과 태국인들은 거리에서 계속되는 물세례에 진저리치기도 한다. 종교적인 면에서는 주요 사원에서 불상을 물로 씻거나 불상 행렬을 진행하고, 승려로부터 덕담을 듣고, 물고기나 새를 비롯한 동물을 방생하는 등의 활동을 한다. 서로에게 가볍게 물을 뿌리며 축복하던 전통이 지금은 거의 물 전투로 확대되었다. 치앙마이의 경우, 명절을 맞아 전국 각지의 일터에서 돌아온 사람들뿐 아니라 방콕에서부터 찾아오는 많은

물총을 들고 송크란 축제를 즐기는 사람들.

외지인까지 합세해 순간적으로 인구가 엄청 불어나고, 취객들이 얼음물에서 얼음을 빼지도 않은 채 남의 얼굴에 부어버리는 일도 종종 발생한다. 많은 외국인은 '송크란'의 마지막 자음이 약하게 발음되기 때문에 종종 전쟁을 뜻하는 단어 '송크람'과 혼동한다. 사실 그렇게 혼동할 만도 한 것이 치앙마이에 있는 태국인들조차 축제가 끝날 무렵에는 감기에 걸려 앓아누울 정도다. 태국인들도 가끔은 자신들이 지나치게 즐기는 경향이 있다고 인정한다.

5월

노동절(5월 1일)
공휴일이다.

국왕 즉위 기념일(5월 5일)
작고한 푸미폰 전 국왕이 즉위한 날로 공휴일이다. 와치랄롱꼰 현 국왕의 즉위식은 이 책을 쓰는 현재 아직 거행되지 않았다.

비사카 부차 Visakha Puja
인도식 음력 6월(중국식 음력 4월) 15일. 부처의 탄신과 득도, 열반을 기념하는 날이다(모두 같은 날에 이루어졌다). 이날은 설법을 알아듣지 못해도 사원에 가서 팔리어로 부르는 염불을 들으며 조용히 명상하는 태국인들을 볼 만한 가치가 있다. 촛불을 들고 조용히 주불상 주위를 세 바퀴 도는 행진도 진행한다.

5~6월

피타콘 Phi Ta Khon

원래는 르이주의 단사이 지방에서 시작해 각지로 퍼졌다. 송크란을 비롯한 많은 축제가 그렇듯 이 행사에도 종교적 기원이 있는데, 많은 귀신('피')들이 모여 부처님을 환영했던 날을 기념한다. 지금은 많이 잊혔지만 이런 전설은 애니미즘과 불교 사이의 평화로운 만남을 반영한다. 500만 명의 '마녀'들을 화형한 뒤에 기독교가 기반을 잡은 유럽과 달리, 태국에서는 신자와 비신자가 서로에게 적대감을 보인 적이 없다. 축제날에 태국인들은 다양한 상상력을 동원해 페인트, 가면, 남근형태로 조각된 나무와 뼈 등으로 귀신 분장을 하고 신나는 파티를 벌인다. 술을 사기 위해 지나가는 외국인의 차를 세워 돈을 요구하는 경우도 있으니 주의하라.

완풋몽콘 Royal Ploughing Ceremony (권농일)

태국에서는 왕실에 소속된 브라만 사제들이 택한 길일에 공식적인 '첫 쟁기질'을 시작한다. 국왕이 참석하는 이 축제는 방콕에 있는 왕궁 앞 광장 사남루엉에서 거행되는데, 수천 명의 시민이 나와 행사를 지켜보고, 행사가 끝나면 왕의 축복을 받은 볍씨를 줍기 위해 모두들 광장으로 몰려든다. 광장이 쌀을 재배하는 공간은 아니지만, 이는 국민들에게 국왕을 볼 수 있는 기회를 제공하며 여전히 농경국가인 태국에서 가장 오래되고 중시되는 행사 중 하나다.

분방파이 Boun Bang Fai (로켓 페스티벌)

화약을 채운 로켓을 가져와 하늘로 날려 보내는 행사로, 북동부 여러 지역의 광장에서 열린다. 풍작을 기원하며 비를 많이 내려달라고 하늘에 비는 기우제 성격을 띤다(라오스의 영향을 받은 북동부 지역에서만 축제가 열린다). 당일에 비가 퍼부어도 행사가 진행되며, 많은 로켓을 설치하는 작업 자체가 멋진 볼거리다. 현장에는 임시 카페가 들어서서 사람들이 쉴 의자와 테이블, 먹을 것과 술을 제공한다. 그곳에 갈 수만 있다면 광장에서 좋은 자리를 잡아 무료 쇼를 감상해보라. 로켓을 쏘아 올릴 때마다 비가 진짜로 쏟아지는 것처럼 보여 놀랍지만, 사실은 이때가 우기의 시작이다.

7월

아싼하 부차 Asaanha Puja
부처님의 첫 번째 설법을 기념하는 날.

카오판사 Khao Phansa
3개월 동안 이어지는 불교 안거 기간의 시작점으로, 우기의 절정기와 겹친다. 젊은 남성, 특히 결혼을 앞둔 남성은 이 기간에 단기 출가를 하고, 때로는 3개월 내내 승려 생활을 한다. 공무원은 이 기간 동안 휴가를 쓸 권리가 있다. 승려들은 돌아다니지 않고 계속 사원에만 머무는데, 전설에 따르면 자라나는 곡식과 생명체를 밟지 않기 위해서라고 한다. 실제로 이 시기에 승려들은 사찰을 수리하거나 교육을 하는 일 외에 어떤 생산적 활동도 금지되어 있다. 일반인도 사색하고 설법을 들으며 시간을 보낸다. 이 기간 동안 사원 방문객이 늘어나는데, 많은 태국인이 출가한 친척과 친구를 두고 있기 때문이다. 술 소비량이 줄어들고 대규모로 조직되는 파티도 없다. 결혼식도

하지 않고 사형도 집행되지 않는다(그래서 안거가 끝난 뒤 몇 주 동안은 결혼과 사형이 급증하는 경향이 있다).

캔들 페스티벌
북동부에서는 멋지게 조각된 대형 양초들의 퍼레이드로 불교 안거 기간의 시작을 기념한다. 특히 우본랏차타니에서 큰 축제가 열린다. 이후 3개월에 걸친 안거 기간 동안 여러 사원에 촛불을 진열해둔다.

8월
왕비 탄신일/어머니의 날(8월 12일)
공휴일. 방콕 왕궁이 화려한 조명으로 눈부시게 빛난다.

9~10월
보트 경기
방콕 짜오프라야강의 라마9세교 근처에서 볼 만한 보트 경기가 열린다. 또한 북동부에서는 태국과 라오스 간의 국제 보트 경기가 열린다. 이 때가 강물이 가장 풍부한 시기다.

채식주의자 축제
푸껫과 주변 지역에서 9일 동안 중국계 태국인들이 가끔, 또는 9일 내내 채식을 하고 중국인 사원에서 공덕을 쌓는다. 이 시기가 끝나면 많은 점쟁이와 영매들이 피부를 뚫고 불타는 숯 위를 걸음으로써 자신들의 신통력을 입증한다.

시장이나 길거리에서 흔히 볼 수 있는 반찬가게. 태국인들이 일상적으로 즐겨먹는 수프와 커리, 밑반찬을 만들어 판다.

태국인들은 외식을 일상적으로 즐긴다.

남프릭 까삐(중앙의 소스)를 곁들인 일상 식사.

파파야 샐러드인 쏨땀 만들기.

다양한 커리와 수프들.

피시볼을 비롯한 다양한 꼬치 간식.

집에서는 주로 밥을 먹지만 밖에서는 국수 요리를 즐겨 먹는다.

길에서 사먹는 팟타이.

다양한 고명을 곁들여 먹는 카우쿡까삐.

팟타이 만드는 모습.

맵고 시큼한 수프, 똠얌꿍.

치앙마이의 한 사원 앞에서 전통
의상을 입고 우산을 파는 여성
들. 태국에서 우산은 상징적인 물
건이다. 승려가 되기 위해 사원으
로 가는 젊은이나 화장터로 가는
망자에게 화려한 우산을 씌워 보
호해주는 문화가 있다.

태국에서 좋은 쇼핑을 하고자
한다면 주말 시장을 놓치면
안 된다. 사진은 치앙마이 주
말시장.

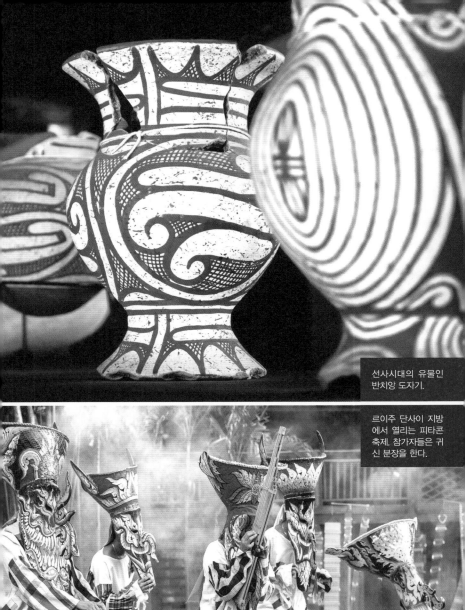

선사시대의 유물인 반치앙 도자기.

르이주 단사이 지방에서 열리는 피타콘 축제. 참가자들은 귀신 분장을 한다.

수코타이 역사공원의 인상적
인 풍경. 태국의 오래된 역사
를 만날 수 있는 곳이다.

쫄랄롱꼰 대왕 기념일(10월 23일)

위대한 개혁왕 쫄랄롱꼰 대왕을 기념하는 공휴일. 방콕의 랏차담넌 거리에 세워진 그의 동상을 중심으로 숭배가 이루어진다.

10~11월

까틴 Kathin

불교 안거 기간이 끝난 뒤 공덕을 쌓는 시간. 많은 태국인이 버스나 다른 차를 대절해 집에서 멀리 떨어진 사원이나 심지어 라오스까지 가서 승복과 그밖에 필요한 물건들을 승려들에게 보시함으로써 공덕을 쌓는다.

11월

로이 끄라통 Loi Khratong

태국에서 가장 아름답고 평화로운 축제 중 하나로 인도에서

로이 끄라통 축제에 연꽃 배를 띄우며 소원을 비는 사람들.

기원했다. 보름날 밤 연꽃 모양의 작은 배(끄라통)에 향불을 피우고 양초와 동전 몇 개를 담아 띄워 보내며(로이) 소원을 빈다. 어린 소년들이 돈을 받고 헤엄쳐서 강물의 흐름에 따라 배를 띄우는 동안, 다른 친구들은 물의 여신에게 바쳐진 배에서 내용물을 챙기느라 바쁘다. 그러나 누구도 신경 쓰지 않는다. 치앙마이나 수코타이에서 열리는 로이 끄라통이 최고다.

수린 코끼리 몰이 축제(세 번째 주)

11월 세 번째 주에 열린다. 수린은 북동부에 있는 마을로, 이 시기에는 사람들로 가득 차기 때문에 숙소를 일찍부터 예약해야 한다. 코끼리들이 줄다리기에 참가하고 전쟁을 하는 시늉을 한다. 사람들은 술을 많이 마신다. 아이들이 있다면 평소보다 일찍 숙소로 데려가는 것이 상책이다. 코끼리는 숭배의 대상이고 일반적으로 얌전하지만 어린이가 관련된 사고가 종종 일어난다. 코끼리와 시시비비를 가릴 수는 없는 노릇이다.

'콰이강의 다리' 주간

이 축제는 앨릭 기니스의 영화 〈콰이강의 다리〉가 성공한 이후 시작되었다. 죽음의 철로를 정비해, 몇 년 전만 해도 밀림이었고 교통수단이라고는 배뿐이었던 곳으로 관광객을 실은 열차가 달린다. 관광객들이 보는 다리는 비교적 새 다리고, 옛 다리는 제2차 세계대전 중에 연합군의 폭격으로 파괴되었다. 조명쇼와 역사적 전시회도 열린다. 전시 기간뿐 아니라 연중 어느 때라도 방문할 수 있다.

12월

푸미폰 아둔야뎃 왕 탄신일(12월 5일)

전국에서 기념하는 공휴일로, 지방마다 왕의 대형 사진을 세우고 다양한 대의명분을 후원하는 특별 행사를 개최한다. 왕에 대한 국민들의 사랑을 보여주는 데 이보다 나은 민주적 사례는 아마 없을 것이다.

제헌절(12월 10일)

1932년 입헌군주제 수립을 기념하는 공휴일.

인생의 통과의례

앞서 언급한 것처럼 태국의 의례들은 종종 축제의 요소를 띠며, 축제는 종교 의례로 시작하는 경우가 많다. 그러나 개인적인 의례와 대중에게 공개된 축제 사이에는 분명한 차이가 있다. 태국인들이 인생에서 거치는 통과의례들은 주로 가정에서 이루어지며 때때로 가정에서 사원으로, 또는 가정에서 음식점으로 장소를 옮겨 진행된다.

나는 통과의례를 '태국 문화 즐기기' 장에 포함시킨 것에 대해 변명하지 않겠다. 우리 삶의 통과의례에는 항상 즐거움의 요소가 있고, 심지어 장례식에서도 그렇다. 물론 적절한 제약이 있기는 하지만 말이다. 이곳에서 살다 보면 아마 외국인들도 태국 동료 가정의 통과의례에 초대받을 기회가 있을 텐데, 이런 '개인적' 의례에서 당신은 태국의 가족과 친지 문화 그리고 공동체의 핵심을 보게 될 것이다.

개인적인 의례는 대체로 초대를 받아서 간다. 결혼식은 보통 화려하게 꾸민 청첩장을 미리 돌리지만 하루 전날이나 당일 아침에 초대를 받을 수도 있다. 친족이 아닌 이상 생일 축하연이나 결혼식, 장례식 등에 꼭 참석할 의무는 없지만, 봉투에 이름이 적힌 초대장을 받았다면 그 봉투에 얼마간의 돈을 넣어 돌려주는 것이 예의다. 액수는 상황에 따라 다르다. 당신이 당사자를 잘 모르고 누군지 생각나지도 않는다면 초대를 잊어도 좋다. 그러나 초대자가 직장 상사나 친한 동료라면 거의 의무적으로 행사에 참석할 필요가 있고 봉투를 넉넉히 채워야 한다.

태국에서 오래 살다보면 너무 많은 초대를 받게 된다. 특히 결혼식이 몰리는 11월에 초대가 많을 텐데, 모든 행사에 참석할 필요는 없지만 그렇다고 모든 초대를 거절하지도 마라. 그런 행사들은 태국과 태국인의 삶에 적응하기 위한 패키지의 일부다. 모든 초대를 거절하면 태국인이 중요하게 생각하는 문화에 참여할 기회를 스스로 차단하는 격이며 재미의 기회도 놓치게 된다. 다시 말하지만 재미없는 삶과 재미없는 일은 전혀 태국적이지 않다. 사람들은 당신을 보며 그렇게 살 거라면 대체 왜 태국에 왔는지 의아해 할 것이다. 어쩌면 당신 스스로도 의구심을 갖게 될지 모른다.

의례에 묻어나는 태국스러움

권력과 마찬가지로, 의례는 도덕과 관련이 없다. 의례는 알려졌거나 알려지지 않은 힘들을 교묘하게 조종하는 하나의 방식이다. 비밀조직과 보이스카우트, 폭력조직, 영매, 경찰, 나이든 아주머니, 신생아 할 것 없이 태국에서는 모든 조직과 개인이 의례에 참여한다. 출생과 환생이 고통이라면 태국의 많은 의례는 그런 고통을 극복하고 그 순환을 끊으려는 노력의 일환이다.

편안한 재미

시골 사원 경내를 거닐고 있는데 점심을 먹던 사람들이 당신에게 함께 먹자고 초대해 그 자리에 합류하게 되었다. 사람들이 담소와 농담을 나누는데 모든 것이 편안하고 즐거워 보인다. 누군가 복권이라도 당첨된 걸까, 아니면 누구의 생일일까? 주위를 둘러보니 검은 옷과 흰 옷을 입은 사람들이 보인다. 그렇다면 십중팔구 장례식이다.

장례식에서, 좀 더 정확히 말하면 장례식이 끝난 후에 편안하고 즐거운 시간을 보내는 사람들을 보고 당신은 조금 놀랄지도 모르겠다. 태국에서는 사람들이 모여서 먹고 마시는 모든 곳에 즐거움이 있다. 이는 결코 망자에 대한 존경심이 부족해서가 아니다. 당신이 합류하기 전에 그들은 이미 많은 눈물을 흘렸을 것이다. 망자의 근친들은 이미 많은 일을 했고 많은 의식을 치렀다. 장례식 날에는 친척이건 친구건 동료건 이웃이건 함께하는 모든 사람에게 아침식사를 대접하는 문화가 있다. 초대도 거절도 없다. 그러나 임산부가 장례식에 가는 것은 금기다. 그런 경우가 아니라면 당신은 환영받겠지만, 그렇다고 조니워커를 가져갈 일은 아니다.

사원에서 시신 화장을 마치고 조객들이 시원한 다과를 대접받고 나면, 망자는 새로운 삶을 향해 길을 떠난다. 망자가 좋은 사람이었다면 내세는 지난 생보다 나을 것이다. 사람들이 즐거워하는 이유다. 근친들은 애도의 기간을 갖고 다양한 의식을 치를 것이며, 1년 뒤에는 누구도 상복을 입지 않은 채로 모여서 거창하게 저녁식사를 할 것이다. 이때가 바로 당신의 술병을 개봉할 때다.

의례의 특징

태국에서 삶은 의례의 연속처럼 보인다. 여기서는 주요 통과의례인 출생, 사춘기, 수계, 결혼, 사망에 대해서만 살펴보겠다. 이 다섯 가지가 태국인에 대해 많은 것을 보여준다고 생각되기 때문이다. 특히 이 의례들은 태국인의 삶에서 불교적 측면과 애니미즘(정령에 대한 믿음)적 측면의 양립성을 여실히 보여준다.

태국 의례에서 분명하게 두드러지는 특징은 신성한 흰색실, 원, 숫자 3, 길한 시간, 양초, 돈 같은 것들이다. 통과의례는 사는 지역에 관계없이 모든 태국인에게 공통적이며, 따라서 태국인을 정의하는 데 있어서 핵심적인 요소다.

흰 실

손목에 싸이씬이라고 부르는 흰색 실을 묶어주는 것은 누군가의 안전과 건강을 기원하는 방식이다. 그냥 실 한 가닥을 묶거나 세 가닥을 한 가닥처럼 꼬아서 묶는데, 매듭이 가운데에 오도록 한다.

실이 흰색이 아닌 경우도 있지만(일부 승려는 빨간색이나 노란색 실을 이용한다) 많은 의례에서 흰색 실을 쓰며, 개인의 손목이나 사람들 무리, 또는 특정한 장소 주변을 둥글게 원형으로 두르는 형태를 취한다. 수계식에 참가하는 모든 사람은 합장한 손의 양쪽 엄지와 검지로 긴 실을 잡고 둥글게 둘러앉는다. 장례식에서는 실을 화장터 주변에 세 번 두른다. 결혼식에서는 양 끝에 두 개의 원을 만들어 연결한 흰 실을 신랑과 신부의 머리에 화관처럼 씌운다.

흰 실은 영혼의 전보 역할을 하며, 선이나 원을 따라 공덕을 실어 나른다. 누군가 이 실을 당신의 손목에 묶어주면 그 실이 당신의 모든 기운을 유지해 영적 세계의 잠재적 위험으로부터 보호해줄 것이다.

싸이씬을 묶어주려고 하는 데 거부하는 것은 상대의 호의를 무시하는 일이다. 원치 않으면 애초에 그런 상황을 피하는 것이 좋다. 반면 어떤 외국인들은 누군가가 묶어준 싸이씬을 풀어버리는 것이 실례라고 여겨 저절로 떨어질 때까지 무한정 기다린다. 싸이씬을 묶어준 사람 앞에서 곧바로 풀어버리는 것은 실례지만 한동안 그대로 두었다가 집으로 돌아와서는 풀어도 괜찮다. 이상적으로는 3~4일 정도 그대로 두는 것이 좋다.

숫자 3

숫자 3은 언제나 등장한다. 모든 좋은 것은 3과 결부된다.

시간

흰 실, 숫자 3과 함께 많은 의례는 길한 시간에 치러진다. 왕과 정부 지도자를 포함한 모든 사람이 중요한 의례를 거행하거나 중요한 결정을 할 때 점술가와 상의한다. 사당을 세우거나 집의 첫 번째 기둥을 세우거나 첫 씨앗을 뿌리는 것처럼 중요한 시작, 또는 결혼과 같은 중요하고 '위험한' 일을 도모할 때는 누구나 점술가나 승려를 찾아가서 길한 시간을 받는다.

길한 시간은 이른 아침인 경우가 많다. 그러니 친구가 아침 6시 반에 결혼식에 오라고 초대해도 농담이 아니다. 식에 참석하고 싶지 않다면 저녁 피로연에만 가도 괜찮다. 사실 대부분의 하객은 피로연에만 초대된다. 당신 이름이 적힌 봉투를 가져가 하트 모양 상자에 넣는 것도 바로 피로연 때다.

돈

돈은 모든 의례에 필수적이고 공통된 특성이다. 돈으로는 무엇이건 할 수 있다. 어떤 경우에 돈은 상징적으로 사용되지만 단순히 초대자의 지위와 힘을 과시하기 위한 수단인 경우가 많다. 모든 의례는 관련된 사람들의 재산 정도에 따라 규모가 달라지며, 아주 가난한 사람들도 인생의 중요한 단계에는 나름의 방식으로 의례를 치른다.

태국 사회에 잘 정립된 상호주의 규범에 따라, 돈은 행사가 있을 때마다 돌고 돈다. 태국인들은 돈 앞에서 부끄러워하지 않지만 사람들 간에 돈이 오갈 때는 봉투에 넣어서 건넨다. 쟁반 위에 놓거나 상자에 넣거나 직접 건넨다. 이때 받은 사람이 그 자리에서 봉투를 열어보지는 않지만 어디선가 누군가가 그 액수를 정확히 기록할 것이다. 나중에 입장이 바뀌어 하객이 되었을 때 받은 만큼 되돌려주기 위해서다.

외국인은 이런 순환적인 부조 회로의 바깥에 있다. 다만 준비하느라 돈이 많이 들었을 것 같은 의례와 연회에서는 얼마간의 '즉석 보답'을 할 수 있는데, 봉투에 돈을 넣어 초대자에게 직접 건네면 된다.

사람들은 이런 부조 행위를 '공덕을 쌓기 위해서'라고 설명한다. 당신이 돈을 줌으로써 호의를 베푸는 것이 아니라 상대가 돈을 받음으로써 당신에게 호의를 베푼다는 의미다. 아침에 탁발을 도는 승려에게 음식을 대접하는 사람들이 느끼는 감정도 비슷한데, 승려들은 구걸을 하거나 적선을 받는 것이 아니라 평신도에게 공덕을 쌓을 기회를 주는 것이다. 고마움을 느끼고 와이를 하며 감사를 표하는 쪽은 평신도들이다.

돈을 과시적으로 이용하는 가장 분명한 예는 사원에 '돈 나무'를 시주하는 것이다. 돈 나무는 지폐를 나뭇잎처럼 꽂아 만

돈 나무. 사원에 시주할 때 주로 사용한다.

든 축소 모형이다. 어떤 집에서는 이웃과 친척들을 초대해 간단한 식사를 대접한 뒤 돈을 모은다. 식사 후 거리에서 춤을 추고 북을 울리는 가운데 가족이나 조직의 대표자가 돈 나무를 들고 행진하는데, 얼굴에 흰 칠을 하고 춤을 추는 '노상강도'를 만나면 지폐 한두 장을 돈 나무에 꽂아야 한다.

외국인들은 이렇게 어디서나 노골적으로 돈을 요구하는 관습을 보고 평소 자신들이 생각하던 태국인의 평화롭고 협동적인 생활 방식에 위배된다고 느낀다. 그러나 돈이 없으면 의례도, 음식도, 마실 것도, 즐거움도 없다. 의례와 상호주의는 태국의 공동체를 유지하는 장치다. 돈은 사회적 관계를 파괴하는 것이 아니라 유지하는 데 도움을 준다. 돈은 중립적이다. 그러나 많을수록 좋다.

출생

아기가 세상에 태어난 시간은 태국의 점성술에서 핵심 요소다. 사람은 지난 삶의 업보에 의해 특정한 상황, 특정한 장소, 특정한 시간에 태어난다고 믿는다. 그래서 생후 30일에 최초의 점을 볼 때를 위해 아이가 태어난 시간을 정확히 기록해 둔다.

혼 만들기

출생 직후 아기는 '탐콴삼완' 의례의 중심이 된다. 탐콴삼완을 문자 그대로 번역하면 '콴(혼)을 만드는 3일'이다. 개인이 인생의 중요한 단계들에서 겪게 될 많은 탐콴 의식 중 첫 번째에 해당한다. 이후에도 승려에게 가서 탐콴을 요청할 수 있지만 이 최초의 의례는 전적으로 애니미즘과 관계가 있으며 승려는 아무런 역할도 하지 않는다.

탐콴삼완 의례의 근거는 아기가 신령에 의해 어머니 자궁으로 보내진다는 것이다. 가족계획과 성병예방 운동의 일환으로 승려가 콘돔에 성수를 뿌려 축복하고, 운동가들이 '많은 출생이 번뇌를 낳는다.'라는 불경 구절이 찍힌 명함을 알록달록한 피임약과 함께 나눠주는 요즘, 얼마나 많은 태국인이 실제로 이것을 믿을지는 모르겠지만 말이다.

의례에서는 생후 3일이 된 아기를 고리버들로 만든 키에 눕혀 좌우로 살살 흔든다. 알곡과 쭉정이를 분리하듯 좋은 것과 나쁜 것을 분리하는 상징적 행동이다. 그러면서 "3일 된 아기는 신령의 아기, 4일 된 아기는 인간의 아기, 누가 됐든 이 아기의 어머니는 와서 데려가시오."라고 말한다. 그러면 한 나이 든 여성(진짜 엄마가 아니다)이 신령에게 동전을 바침으로써 아기를 '산다'. 혹시 신령이 다시 아기를 데리러 올 경우 이 가짜 엄마에게 보내기 위함이다. 공식적인 3일 잔치는 열지 않지만 손님이 방문할 수 있고, 이들은 산모에게 돈이나 선물을 건넨다. 가난한 집이라면 실용적인 물건을 준비할 것이다(기저귀는 언제나 환영 받는 선물이다).

금기

전통적으로 임신한 여성에게는 많은 금기가 따른다. 낚시, 고추 먹기, 거짓말, 병문안, 장례식 참석 등이 포함되며, 이런 금기를 위반하면 뱃속 아기의 건강이 위태로워진다고 믿는다. 임신 중에 장례식에 참석하는 여성은 지금도 드물지만 고추를 먹지 말라는 금기는 어리석은 미신으로 치부되고 있다. 도시에 사는 교육받은 산모들이 출산 후 뜨끈한 난로 옆에서만 머무는 경우도 별로 없다. 전통적으로는 7~21일간 그렇게 해왔으며, 북동부에서는 여전히 그 방식을 고수한다.

최초의 이발

아이가 생후 한 달을 무사히 넘기면 부모는 친척과 친구들을 초대해 잔치를 벌이고 아기에게 최초의 이발을 해준다. 이 의례를 '탐콴두안'이라고 하는데, '한 달 후 혼 만들기'라는 뜻이다. 이 탐콴은 신생아의 머리카락에 터를 잡기 좋아하는 악령으로부터 신생아를 보호한다. 3일 의례보다는 공개적인 의례로, 아기가 태어나 인생에서 가장 위험한 시기를 넘겨 이제는 불교 공동체에 소개할 준비가 되었다는 것을 세상에 알린다.

숫자 3

마법의 숫자 3은 생후 3일 의례와 생후 30일 의례 모두에 영향을 미친다. 또한 30일 의례에 아홉 명의 승려를 초대해 염불을 하는 관습에도 연관되어 있다(9는 3에 3을 곱한 수이다).

이름 짓기

태국에서 아이 이름을 지을 때 부모는 종종 승려나 웃어른에게 적절한 이름이나 첫 글자 또는 음절을 선택해 달라고 요청한다. 태국인의 이름은 보통 두 음절 이상이며 공식적, 법적 목적으로 쓰인다. 팔리어에 기원을 두고 항상 좋은 의미를 지닌다(장수, 태양, 행복의 빛 등). 한편 태국인들은 전통적으로 진짜 이름 외에 동물 명칭으로 별명을 지어 일상에서 사용해왔다. 이는 귀신들의 관심을 피하기 위함인데, 생후 30일 동안

실명을 사용하면 귀신들이 이를 듣고 아기에게 불행한 영향을 끼칠 수 있다고 믿었기 때문이다.

칭찬과 모욕

칭찬과는 거리가 먼 별명을 쓰는 것 외에, 일부러 아기들을 폄하하는 말도 했다. 이 역시 신령과 귀신들이 아름다운 것에 이끌린다는 믿음에서 비롯되었다. 그러나 현대 태국인들은 더 이상 아기 엄마에게 "아기가 정말 못났네요."라고 말하지 않고 진실한 칭찬을 하며 귀신들의 세계에 콧방귀를 뀐다.

여자 아기건 남자 아기건, 아기가 아버지를 닮은 것은 여전히 큰 행운으로 여겨진다. 그래서 심지어 어머니에게도 "아기가 아버지를 닮았네요."라고 말하는 것을 자주 듣는다. 이것은 칭찬과 축복이 결합된 말이다.

사춘기

외국인은 간혹 태국 아이들이 긴 상투만 남기고 머리를 짧게 민 모습을 보고 놀랄 수 있다. 이것은 '꼰쭉khon chuk', 즉 삭발 의식을 위한 준비다. 이 의식에서는 브라만 사제가 상투를 자르고 불교 승려가 아이를 축복한다. 친척과 친구들이 잔치에 초대된다.

꼰쭉 의식은 사춘기가 온 것을 기념해 11세나 13세가 되는 해에 치른다. 12세에는 하지 않는다. 태국에서 홀수는 행운의 수인 반면 짝수는 불운하다는 믿음이 있다. 그러나 인생에서 12번째 해는 불행하다고 여기지 않는다. 첫 번째 12년 주기를 마치는 해는 특별히 축하하는 시간이며, 이후로도 매번 12년

중요한 생일에는 승려를 집으로 초대해 염불을 받는다.
부채로 얼굴을 가린 채 염불하는 관습, 그리고 승려의 손에서 신도의 손으로
'좋은 진동'을 전달하는 흰 실이 눈에 띈다.

주기로 돌아오는 생일을 중요하게 여겨 집에서 잔치를 열고 아홉 명의 승려를 초대해 염불을 하기도 한다. 그중에서도 가장 중요한 생일은 전통적으로 활동적인 세계에서 물러나는 것을 의미하는 60번째 생일이다. 12세에 삭발식을 하지 않는 이유는, 12간지 달력은 중국에서 도입된 반면 꼰쭉 의식은 인도 힌두교에서 유래했기 때문이다.

꼰쭉 의식 역시 전만큼 흔하지 않으며, 아이가 자주 아파서 영매가 특별히 권하지 않으면 치르지 않는 경우가 많다. 그러나 전통은 여전해서 가난한 사람들을 위해 왕궁의 후원으로 매년 3월 개최하는 행사에 많은 아이들이 참여하고 있다. 이때는 왕실에서 나온 브라만 사제가 아이들의 상투를 잘라준다.

수계

불교의 계를 받는 수계는 책임 있는 어른의 세계로 입문하는 의식이다. 대부분의 태국 남성은 인생의 어느 시점에 한번은 출가를 경험한다. 요즘은 대부분 3일 정도 단기 출가를 하지만 '판사Phansa', 즉 3개월간의 우기와 겹치는 불교 안거 기간 내내 승려 생활을 하는 것이 이상적이다. 그래서 대부분의 수계식은 우기가 시작되는 6월에 치러진다.

자격 요건

출가는 신체 건강하고 전염성 질환이 없는 20세 이상 남성만 할 수 있다. 부모나 승려를 죽인 적이 없고, 부모의 허락이 있고, 가족이나 다른 경제적 책임과 부담으로부터 자유로워야 한다. 현대에 와서 새로운 요건이 하나 더 추가되었는데, 적어도 4년 이상 학교 교육을 받아 글을 읽고 쓸 줄 알아야 한다는 것이다.

동기

승려가 되는 목적은 크게 공부와 자기 제어와 명상을 통해 불교의 가르침을 더 깊이 이해하는 것, 모든 번뇌를 극복하고 깨달음의 경지에 이르는 것, 그리고 부모님을 위해 공덕을 쌓는 것이다.

여성

여성은 승려가 될 수 없으며 이런 금지를 성차별적이라고 보는 사람은 거의 없다. 여성들은 최대한 많은 종교적 공덕을 쌓음으로써 그런 한계를 상쇄하려 한다. 승려들이 아침 탁발을 돌 때 음식을 보시하는 사람들은 대부분 여성이다. 여성이 이승에서 충분한 공덕을 쌓으면 내세에는 남성으로 태어나 깨달음에 이르는 승려의 세계로 들어갈 수 있다고 여겨진다.

비구니

일부 여성은 머리를 깎고 흰색 법복을 입고 허락을 얻어 사원 경내의 비구니 구역에서 생활한다. 그들은 탁발을 돌지는 않으나 평신도가 사원에 시주하는 음식과 생활용품, 돈을 지원받아 생활한다. 일반 승려처럼 공부와 명상, 평신도들과의 상담에 대부분 시간을 보낸다.

비구니들은 올바르고 금욕적인 삶을 살아야 하지만 승려들처럼 서약에 구속받지 않고 어떤 의식도 집전하지 않는다. 일손이 부족한 경우에만 그들 옆에서 일을 거드는데, 예를 들어 송크란 때 승려 옆에 앉아 수많은 신도들의 팔목에 신성한 실을 묶어준다. 젊은 여성들 중에는 아프거나 힘들 때 부처님께 한 맹세를 지키기 위해 일정 기간 비구니가 되는 사람도 있다. 이 경우 삭발은 하지 않는다.

서약

승려가 되려면 수계식에서 불교 경전 언어인 팔리어로 쓰인 긴 요구사항을 암기하고, 승려가 지켜야 할 227가지 행동 계율을 마음에 새기며 묵상해야 한다. 가장 중요한 서약은 독신 서약과 살생하지 않기, 정오 이후에 먹지 않기, 마술을 탐닉하지 않기, 술을 마시지 않기다. 어떤 승려든 서약을 더 이상 지킬 수 없다고 느끼면 주지승에게 서약에서 풀어달라고 청해 평범한 삶으로 돌아갈 수 있다.

수콴낙 의식

수계식은 태국의 종교의식 중 가장 불교적인 의식이다. 수계식을 하기 전 '수콴낙sukhwan nak'이라는 의식을 행하는데, 후보자를 악령의 힘으로부터 보호하는 의식이다. 후보자는 삭발을 통해 다른 남성들과 분리되는 순간부터 수도승의 안전한 지위를 얻게 되기까지의 기간에 특히 사고에 취약해진다. 이 시기에 그를 '낙'이라 부르는데 문자 그대로는 '용'이라는 뜻이며, 승려가 되기를 원했던 용에 관한 불교 신화에서 따온 이름이다. 평신도도 아니고 승려도 아닌 과도기적 상태를 강조한 명칭이며, 이는 아마도 별명처럼 귀신들에게 혼돈을 줘 그를 공격하기 전에 두 번 생각하게 만들려는 의도인 듯하다.

수콴낙 의식은 후보자의 집이나 사원에 있는 살라에서 거행한다. 후보자가 명망가의 아들이라면 수계식 전날 밤에 길고 정교한 행사를 치르겠지만 보통은 수계식 직전, 또는 아예 생략하고 승려나 친척, 이발사가 삭발을 해주기도 한다.

전통 수콴낙에서는 허영심과 성욕을 거부하는 상징으로 후보자의 머리와 눈썹을 민다. 그런 다음 흰 옷을 입혀 의식의 중심에 세운다. 이 의식에는 승려가 참석할 수 있지만 개입하지는 않으며 전문 진행자가 있다. 진행자는 조수와 함께 3~4시간 동안 후보자를 낳아준 어머니의 고통에 대해 이야기하고 효도의 중요성을 강조하는 노래를 부른다.

참석한 모든 친지가 후보자를 보호하는 흰 실을 들고 둘러 앉아 세 개의 촛불을 시계방향으로 세 번 돌린다. 하객들이 돈을 내는 것이 관례인데, 화환에 지폐를 붙여 후보자 목에 걸어 주거나 제공된 쟁반 위에 올려놓는다.

수계식

여성을 포함해 누구라도 수계식에 참석할 수 있다. 형형색색의 대형 우산을 쓴 친지들이 후보자를 목말 태우고 사원으로 행진한다. 본당 주위를 세 번 돈 뒤, 물질적 쾌락을 거부한다는 상징적 행동으로 후보자가 동전을 공중에 던지면 본당으로 향한다.

수계식을 위해 머리 자를 준비를 하는 모습.

흰색 옷차림의 후보자가 아버지 앞에서 무릎을 꿇고, 아버지는 아들이 승려가 되면 갈아입을 진황색 법복을 건네며 그를 본당 안으로 안내한다. 본당에는 적어도 네 명 이상의 승려가 주불상 앞에 설치된 높은 단 위에 앉아있다. 주지승에게 세 번 엎드려 절한 뒤 수계를 허락해 달라고 청한다. 주지승이 후보자 손을 잡고 육신의 덧없음에 대한 경전을 암송한 후 수계를 받았다는 것을 상징하는 노란 띠를 둘러준다. 이후 교육을 책임질 두 승려가 후보자를 데려가 진황색 법복으로 갈아입히고 신입 승려의 10가지 기본서약을 암송하게 한다.

후보자 아버지가 탁발 그릇(바리때)과 다른 선물을 주지승에게 전달하면 주지승은 탁발 그릇을 후보자 머리 뒤로 넘겨 어깨에 걸어준다. 후보자는 불상을 향해 서서 승려의 세계로 들어가기 위한 기본 조건을 갖추었는지를 확인하는 몇 가지 질문에 답한다. 교육을 담당하는 승려들이 다른 승려들에게 그를 새로운 구성원으로 받아들여줄 것을 청하고, 승려에게 기대되는 행동에 대한 설법을 한다.

모든 승려가 염불을 하고, 후보자는 자신이 승려가 됨으로써 쌓은 공덕을 부모에게 바친다는 상징으로 은그릇에 든 물을 주발에 따른다. 부모도 그 공덕의 일부를 조상들에게 바친다는 의미로 똑같은 의식을 행하고 행사를 마친다.

결혼

배우자 선택하기

개인이 외부의 큰 간섭 없이 결혼 상대를 선택하는 것은 태국인의 독립성을 보여주는 특징이다. 그러나 부유하거나 명망 있는 가문에서는 부모가 자녀의 배우자 선택에 영향력을 행사하며, 마을 안에서 이루어지는 결혼은 대부분 경제적, 사회적 지위가 비슷한 집안 간에 이루어진다. 그밖에 인종적, 종교적 제약은 없고 국제결혼도 흔하다.

결혼의 유형

결혼식은 매우 다양해서 아주 공들여 치르기도 하고 생략하기도 한다. 남녀가 한동안 함께 살며 아이를 갖는 것만으로도 부부로 인정되기 때문에 사람들은 번거로운 예식 없이 '서서히 결혼'하게 될 수도 있다(마찬가지로 서서히 이혼하기도 한다). 그러나 대부분의 부모는 자녀가 어떤 식으로든 결혼식을 치르기를 원하며, 특히 상류 사회에서는 돈을 많이 들인 성대한 결혼식과 피로연이 필수적이다.

법적으로 시청이나 군청에 혼인신고를 하게 되어 있지만 신고하지 않아도 벌금은 없다. 한 번에 하나의 법적 결혼만이 허용되지만 그와 상관없이 부유한 남자들은 통상적으로 첩을 거느린다. 첩은 법적 권리가 없지만 그 자녀는 태국 법에 의해 적자로 인정된다. 이혼은 양 당사자가 동의하면 쉽게 할 수 있다. 한쪽에서만 이혼을 원하는 경우에는 처자를 유기했거나 1년 간 생활비를 주지 않았다는 등의 증명을 해야 한다. 어떤 기준으로 봐도 이혼율이 높은 편이며 이혼 뒤에는 보통 재혼을 한다.

신붓값

전통적으로 결혼을 하면 3년 동안 또는 첫 아이가 태어나거나 가족의 땅에 새 집을 지을 때까지 신랑이 신부 집에 들어가

살며 가족의 논밭을 돌봤고(지금은 시골 오지에만 존재하는 관습이다), 어떤 이유로든 이 방식을 따르지 않을 경우 신랑 쪽에서 신부 어머니에게 신붓값을 지불했다. 그 금액을 정하는 과정에서 일종의 연극이 펼쳐질 수 있는데, 양가가 신부 집에 모여 공식적인 협상을 하지만 대개는 그 전에 액수가 정해져 있다.

도시에 사는 외국인이라면 신붓값을 낼 필요는 없지만 뭔가를 지불하긴 해야 한다. 중산층 가정이라면 십중팔구 성대한 결혼 피로연을 열 텐데, 그 비용은 모두 신부 측에서 지불하고 대신에 입구에서 축의금 봉투를 받는다.

결혼식

결혼식은 보통 첫 번째 결혼에만 한다. 결혼식 당일 이른 아침에 신랑신부가 승려에게 음식을 대접하고 축복을 받는 것으로 시작한다.

태국 전통 결혼식은 신랑이 오른쪽, 신부가 왼쪽에 나란히 무릎을 꿇은 상태에서 진행된다. 점쟁이가 정해준 길한 시간에 고승이 '싸이몬콘sai monkon'이라는 두 개의 원형으로 엮은 흰색 실로 신랑과 신부의 머리를 연결한 다음, 두 사람의 손에 성수를 붓는다. 물은 신랑신부의 손에서 꽃으로 장식된 그릇으로 떨어진다. 하객들도 같은 방식으로 물을 부어주며 축복한다.

결혼식에 승려들이 참석하긴 하지만 기본적으로 비종교적인 행사이며 '죽음이 우리를 갈라놓을 때까지'와 같은 사랑의 서약은 하지 않는다. 식장에서 신랑신부가 하나의 실로 연결되어 있지만 각각 독립적인 두 개의 원에 들어가 있는 것은 의미심장하다. 이는 개인적 정체성을 유지하되 서로의 운명이 연결되었다는 것을 의미한다.

싸이몬콘을 머리에 얹은 신랑신부의 손 위로 하객들이 물을 부어 축복한다.

확실히 요즘은 결혼식이 간소해지고 있다. 반면에 시골에서
는 성공적인 결혼 생활의 증거로 노부부가 신방을 준비해주는
'공감 주술' 관습이 여전히 남아있다. 이 반쯤은 촌극 같은 관
습은 노부부가 신혼부부의 신방에 먼저 누워 "이 침상에 행운
이 깃든 것처럼 보여요. 여기서 자면 자식도 많이 낳고 부자가
될 것 같아요." 같은 좋은 이야기를 나누는 것이다. 그런 다음
수고양이와 쌀자루, 참깨 씨앗, 동전 등 다산과 번영을 상징하
는 물건들을 침상 위에 놓아두고 온다. 신혼부부는 3일 동안
이 물건들을 그대로 둔 상태로(고양이는 제외다) 침상에 든다.

죽음

태국인들이 인생의 모든 통과의례 중에 가장 중요하게 생각
하는 것은 화장 의식이다. 장례식은 삶의 끝일 뿐 아니라 환생

을 향한 여정의 출발을 의미한다. 불교에서 죽음은 이행의 과정이며 자연스럽고 필수적인 삶의 일부로 받아들여진다.

환생

누군가 중병이 걸리면 친구와 친척들은 그가 부처님의 가르침에 집중하도록 도와준다. 죽어가는 사람은 좋은 환생을 위한 마음의 준비를 하며 심리적 평온을 얻는다.

환생을 믿는 것은 태국인들의 인생관과 종교관의 본질적 부분이다. 태국인들은 개인의 운명이 그 자신의 선한 행동과 나쁜 행동(업보)의 영적 균형에 의해 결정되며, 현생에서 공덕을 쌓음으로써 내세를 바꿀 수 있다고 믿는다. 하나의 삶에서 또 다른 삶으로 옮겨가는 이 통과의례의 중요성 때문에 망자의 친척과 친구들은 형편이 허락하는 한 최대한 공들여 의례를 치른다.

염하기

사망 후에는 유가족이 시신을 씻기고 향수를 뿌린 뒤 새옷을 입혀 깔개 위에 눕힌다. 친척과 친구들이 줄을 서서 시신의 오른손에 물을 부음으로써 떠나는 영혼을 축복한다. 사후경직이 시작되기 전에 1바트짜리 동전을 입에 물리고, 손을 와이 자세로 만들어 흰 실로 묶는다. 손바닥 사이에 지폐와 꽃 두 송이, 양초 두 자루를 끼운다. 발목도 실로 묶고 입과 눈을 밀랍으로 봉한 다음, 해가 지는 방향이자 죽음의 방향인 서쪽으로 머리를 향하게 해서 관에 넣는다.

영혼이 서쪽으로 가는 방향을 잘 찾도록 관의 머리 쪽에 등불을 밝혀둔다. 시신 근처에는 연옥에서 쓸 요와 이불, 접시,

음식, 옷가지, 칼 같은 망자의 개인 물품을 넣는다. 이웃과 친척들은 유가족이 장례 음식을 마련하는 것을 돕고 돈을 부조함으로써 공덕을 쌓는다. 이 돈은 대나무 꼬챙이에 고정해 관 양쪽에 깃발처럼 꽂아둔다.

사망 후 3일 동안 승려는 망자의 집에서 아침을 제공받으며 염불을 한다. 승려가 한두 명뿐인 작은 마을에서는 이웃 마을에서 장례식에 참석할 승려를 초대한다. 장례식에는 승려의 참석이 필수적이다.

장례식

시신의 발쪽이 먼저 나오도록 해서 관을 집밖으로 옮긴다. 이때 시골 고상가옥에서는 집 밖의 식수통과 사다리를 거꾸로 뒤집어놓는다. 산자들의 세계와 정반대임을 상징하는 표식이다. 망자의 사진과 화장용 장작에 불을 붙일 불쏘시개를 담은 쟁반, 유골을 담을 항아리를 든 유가족이 장례 행렬을 이끌고 화장터로 간다. 마을 사람들이 관 뒤를 따라가는데, 남자들이 앞에 서고 여자들이 뒤에 선다. 장례 의식에 이끌려 찾아온 많은 귀신을 달래기 위해 쌀을 뿌린다.

사원에 도착하면 관이 화장터 주위를 세 번 돈다. 다른 의식에서는 시계방향으로 돌지만 장례식에서는 시계반대방향으로 돈다. 두 명의 승려가 관에 코코넛 물을 붓고, 이어서 길게 줄지어 선 친척과 마을 사람들도 향기 나는 물을 관에 부으며 망자를 축복한다.

시신의 발에 묶었던 끈을 풀어 머리에 묶는다. 가장 높은 승려가 관에서 죽음을 상징하는 흰색 천을 걷어내고, 승려들이 고통과 죽음의 불가피성에 대한 염불을 하는 가운데 관이 화장시설이나 장작더미 위로 옮겨진다.

장례식 후에는 사원 경내에 모여 식사를 하는 것이 관습이다. 이 자리엔 누구나 환영 받는다. 조문객들은 밝은 색 옷을 피하고 친척들은 검은색과 흰색 옷을 입지만, 이 식사는 슬프기만 한 자리는 아니다. 장례식 당일과 이후 이틀 동안 승려들이 저녁마다 망자의 집으로 와서 떠난 영혼을 축복하고 산 사람들을 보호하기 위한 염불을 한다. 염불이 끝나고 승려들이 떠나면 식사를 시작한다. 이 자리는 유가족을 기운 나게 하는 자리이지 애도하는 자리가 아니다. 떠난 사람은 죽음과 환생의 윤회를 통해 궁극적인 존재 상태, 완전한 평화의 상태로 나아가는 것이니 슬퍼할 이유가 없다고 여긴다.

취미와 스포츠

20~30년 전만 해도 태국에 관한 모든 책은 첫 페이지에 '마이빠라이(괜찮아)'가 빠지지 않고 등장했다. 하지만 그것은 더 이상 태국의 국가 철학이 아니다. 모든 문제에 '마이빠라이'의 자세로 대처했던 태국인들의 느긋한 이미지는 이제 한 번에 두 개의 직업을 갖고, 여가 시간에 영어와 다른 것을 공부하고, 이른 아침에 일어나 음식을 준비해 승려에게 보시하고, 항상 선물을 주고받으며 다양한 행사와 축제에 참여하는 아주 활동적인 이미지로 바뀌었다.

경제 활동이 왕성해진 만큼 여가 활동을 즐길 기회도 많아졌다. 원한다면 당신도 이런 활동에 얼마든지 참여할 수 있다. 대표적인 활동은 양 극단으로 보이는 태국 무술과 명상이다. 그 사이에 중국에서 들어온 태극권과 태국 전통 마사지, 요리,

무에타이는 가장 태국적인 스포츠다.

느리고 몽환적이지만 근육을 많이 쓰는 태국 전통 춤 등이 있다. 보트 경주를 포함한 많은 활동은 이웃 나라들에서도 한다. 보트 경기는 강을 따라 형성된 사원 중심의 공동체들 사이에서 아주 경쟁적이고 인기 있는 스포츠다(역사적으로 중요한 태국 도시들은 주로 강 주변에 있다).

무에타이(태국 격투기)

무에타이보다 더 태국적인 것이 있을까? 물고기 싸움? 닭싸움? 소싸움? 많은 싸움이 있지만 스포츠계와 젊은 외국인들의 관심을 가장 끄는 것은 뭐니 뭐니 해도 무에타이다.

그러나 무에타이는 많은 헌신이 요구되는 스포츠로, 외국인들에게는 규칙 준수가 걸림돌이 될 수 있다. 무에타이 훈련 체계는 자기 혁신이나 영웅이 되려는 사람들의 즉흥적인 기분이 아니라 엄격한 규칙 준수에 바탕을 두고 있다. 아주 기본적인 식사와 소박한 숙소가 훈련의 일부다. 시골 지역에서 진행하는 합숙 과정에 참여하면 식사와 숙소, 장비를 포함해 주당 250달러 정도의 비용이 든다. 훈련은 남성과 여성 모두에게 개방되어 있지만 모든 도장이 외국인을 받아주는 것은 아니다.

태국 명상

많은 외국인이 스트레스에 대처하고 심지어 이를 즐기며 극복하는 데 도움을 얻기 위해, 또는 성격 개선으로 업무 성과를 향상시키기 위해 명상법을 배운다. 어떤 이들은 명상에서 즐거움을 찾기도 한다. 술잔에 위스키를 채우는 것과는 다른 즐거움, 색다른 방식으로 세상을 보는 즐거움이 있다.

대부분 사원에서는 몸의 모든 움직임을 의식하고 이해하도록 돕기 위해 다양한 명상법을 이용하는데, 걷기 명상이 대표적이다. 태국인이나 외국인 승려가 영어로 수업을 진행하는 곳도 있다.

태국 명상은 두 가지 기본 시스템을 따른다. 하나는 '사마타'로, 마음의 고요와 고도의 집중 상태를 의미한다. 다른 종교, 다른 나라에서 이용하는 명상법들과 비슷하다. 좀 더 태국적인 것은 '위빠사나'라고 불리는 상좌부 불교 명상법이다. 이는 몸과 정신이 생각과 행동을 통해 함께 작동하는 방식을 관조하고 숙고하는 것이다.

마사지와 요리

마사지와 요리는 다른 취미에 비해 태국어를 몰라도 배우기 수월하다. 관련된 영어 강좌와 책이 많이 나와 있으니 필요에 따라 선택하면 된다. 가족과 친구를 위해 취미로 배울 수도, 아예 본국에 돌아가서 새로운 직업으로 삼을 만큼 전문적으로 배울 수도 있다. 전통적인 태국 마사지를 가르치는 본산은 왓포 마사지 학교라고 알려져 있으며, 다른 몇몇 마사지 학교에서는 지압점과 손끝을 이용하는 좀 더 부드러운 접근법을 제안한다.

요리 학교로 가장 유명한 곳은 아마 수쿰윗에 있는 UFM 푸드센터일 것이다. 태국어로 수업을 진행하지만 외국인 학생이 네 명 이상이면 영어 수업도 해준다. 치앙마이와 푸껫 등에서 진행되는 요리 수업 과정은 영자 매체와 페이스북, 인터넷 전화번호부에서 광고를 찾을 수 있다.

스킨스쿠버 다이빙

해변과 외국인이 많이 사는 곳에서는 스킨스쿠버 다이빙 강좌를 쉽게 찾을 수 있다. 다이버들의 잦은 활동으로 산호초가 침식되면서 요즘은 스킨스쿠버 학교들에서 교육 패키지의 일부로 환경에 대한 책임의식을 가르친다. 윈드서핑과 카누 수업도 들을 수 있다. 그러나 바다에 나갈 때는 반드시 그 지역에서 활동 경험이 풍부한 강사와 함께해야 한다. 그 지역 조류를 잘 알아서 당신을 바다의 암석 군락 속에 숨어있는 아늑한 세계로 이끌었다가 다시 안전하게 데리고 나올 수 있는 노련한 사람이어야 한다.

밤 문화

태국은 오랫동안 밤 문화와 매춘으로 유명한 나라였다. 방콕에서 술집과 음식점, 여자들이 나오는 쇼, 마사지 방이 가장 많은 유흥가로는 실롬의 팟퐁 1가와 2가, 수쿰윗의 카우보이 거리와 나나 거리를 들 수 있다. 모두 외국인이 자주 찾는 곳이며, 특히 팟퐁에는 훌륭한 서점과 좋은 음식점, 활기 넘치는 야외 쇼핑 구역도 있다.

한 번 보면 잊히지 않을 진풍경 중 하나는 뉴 펫부리 거리 근처에 있는 대규모 마사지 방들이다. 수백 명의 여성이 마치 어항 속 금붕어처럼 자신의 번호가 불리기를 기다리며 앉아있다. 자칫 선정적으로 보일 수 있지만 이는 태국 전체가 하나의 거대한 퇴폐업소가 되는 것을 막으려는 당국의 시도로 이루어진 산업이다. 퇴폐적인 밤 문화는 이제 방콕과 치앙마이 등 대도시의 별도로 '구획된' 곳에서만 즐길 수 있다.

태국의 밤이 퇴폐적인 술집과 술집 여성들로만 가득할 것 같지만 그렇지 않다. 호텔에도 나이트클럽과 디스코텍이 있고 생음악을 연주하는 술집도 있다. 남성 동성애자가 다니는 곳과 여성 동성애자가 다니는 곳이 따로 있으며, 거의 십대 전용인 곳, 모든 사람이 섞여 노는 곳이 다 있다. 직접 본 적은 없지만 중년의 이성애자들만 다니는 곳도 있다고 한다.

박물관

국립박물관과 주립박물관은 보통 월요일과 화요일, 또는 공휴일에 문을 닫는다. 개인 박물관과 미술관은 월요일에 닫는 곳이 많다.

방콕에 있는 국립박물관은 한때 부왕이 기거하던 궁전이었다. 태국에 처음 왔다면 이 인상적인 장소에 가볼 것을 권한다. 다양한 언어로 진행되는 무료 가이드 관광을 이용할 수 있고, 안내책자를 구입하면 둘러보는 데 도움이 된다. 사남루앙과 프라핑클라오대교 사이의 나프라탓 거리에 위치하고 그 옆에 탐마삿대학교가 있어 쉽게 찾을 수 있다.

방콕국립박물관 내부.
동남아시아 최대 규모의
불교 미술품을 소장하고
있다.

이곳은 동남아시아 최대 규모의 불교 미술품과 불교 이전 시대의 가공품을 소장하고 있다. 1928년 처음 개장한 이래 널찍하고 쾌적한 분위기를 유지하고 있어 방문하면 언제나 기분이 좋다. 전국 43곳에 있는 주립박물관들과 긴밀하게 연계되어 있으며, 주립박물관들도 대부분 비슷한 수준으로 훌륭하다.

국립 및 주립 박물관 외에 최근 개조하거나 재건한 사원에 들어선 박물관들도 있다. 이런 곳은 전시품 이상으로 건물 자체가 흥미롭다. 화이트 템플과 블랙 템플이 좋은 예다.

헬스클럽

태국의 거리들은 기후와 노면 상태 때문에 걷거나 달리기에 좋은 조건이 아니다. 따라서 많은 외국인은 에어컨이 빵빵하게 나오는 실내에서 운동하는 것을 선호한다. 집이나 직장 근처에 헬스클럽이 하나쯤은 있을 것이다.

당신이 아침 일찍 일어나는 유형이고 몸을 격렬하게 움직일 필요를 느끼지 못한다면, 주변 공원이나 광장에서 매일 아침 열리는 태극권 모임에 참여하는 것도 괜찮다. 어떤 공원에서는 일몰 직후에 1시간가량 에어로빅 수업을 진행한다. 동네마다 시민들이 무료로 이용할 수 있도록 간단한 운동기구를 갖춘 작은 '운동공원'도 있다.

도시마다 다양한 종류의 스포츠센터가 있다. 운동 종목은 배드민턴이 주를 이루는데, 태국은 동남아시아뿐 아니라 전 세계적으로도 배드민턴을 잘하기로 유명한 국가다. 무에타이가 국민 스포츠라고는 하지만 대중적 참여도 면에서는 배드민턴이 앞설 것이다. 나이와 성별을 막론하고 모든 태국인이 배드민턴을 즐긴다. 인기 면에서 두 번째는 '세팍타크로 sepak takraw'(세팍은 '차다'를 뜻하는 말레이어고 타크로는 '공'을 뜻하는 태국어)로, 네트를 사이에 두고 두 팀이 등나무로 만든 공을 발로 차서 넘기는 스포츠다.

영화관

태국 사람들은 영화 보러 가는 것을 좋아한다. 시내 영화관들은 널찍하고 편안하며 좌석 배열도 잘 되어 있다. 외국 영화는 보통 태국어로 더빙되지만 오리지널 사운드트랙(태국어 자막)으로 상영되는 경우도 있다.

자국 영화산업이 있지만 현지에서 제작되는 영화의 상당수는 태국 스타일의 세미호러물이다. 영미권 영화가 인기 있기는 한데 개봉작이 블록버스터에 한정되는 경향이 있다. 영자신문에서 비주류 영화 상영에 대한 정보를 찾아보라.

독서

요즘은 책을 읽는 사람보다 스마트폰을 들여다보는 사람이 더 많다. 예전에는 어디에나 있던 전통적인 서점들 중에 디지털 혁명을 이겨내고 살아남은 곳이 많지 않다. 대형 쇼핑센터에는 좀 더 국제적인 외관을 갖춘 서점들이 입점해 있는데, 이곳에서 영미권 책 코너를 비롯한 외국어 전문 매장을 찾을 수 있을 것이다.

쇼핑몰에 입점한 서점들은 대부분 대기업에서 운영하는 지점들이다. 컴퓨터 검색을 통해 도서 자료를 찾을 수 있고, 당신이 기다릴 수만 있다면 원하는 책을 다른 지점에서 공수해준다. 재고량과 유통 규모, 지점 수 면에서 태국 최대 서점은 아시아북스이고, DK가 근소하게 2위를 차지한다. 7-11 서점은 어디서나 찾을 수 있지만 도서 재고량이 많지 않고 태국어 책만 있다.

최근에는 주로 태국의 학술적 주제에 관한 영어 책을 만드는 신진 출판사들이 생겼다(화이트로터스와 실크웜이 대표적). 전보다는 덜하지만 해적판 문제는 여전하다. 고전 작품의 합법적인 재간행이 증가하는 추세이며, 학술 코너는 여전히 작다.

태국에서 출간되는 영어 책들은 주로 태국에 사는 외국인이 쓴 것으로, 다음의 세 분야 중 하나에 속한다. 첫째는 소설로, 존 더텟과 콜린 코테릴의 책은 훌륭하지만 나머지 책은 태국의 술집 밖을 거의 벗어나지 못한다. 두번째는 태국을 주제로 한 가벼운 책들이다. 커피 테이블용 사진집, 이런저런 안내서, 언어 학습서 등이 포함된다. 아니면 경제경영 관련 자기계발서가 있다. 주로 외국의 경영 방식을 따름으로써 경력에 발전이 있을 것이라고 믿는 태국인들이 사서 보는데, 이 책의 관점과는 정반대되는 시각을 펼친다.

8

태국어 배우기

당신의 언어는 당신이 어떤 나라에서 왔는지를 보여주고
당신의 예의범절은 어떤 가족에서 왔는지를 보여준다.

– 태국 속담

말하기

태국에서 당신이 마주칠 커다란 난관 중 하나는 언어 장벽이다. 태국어를 배우기 시작할 때까지는 대다수 태국인에게 말을 걸기 어렵다. 외국인이 태국어를 유용한 수준으로 배우기까지는 1년이나 2년 또는 그 이상의 꾸준한 노력이 필요하다. 그런데 그럴 만한 시간이 있는 외국인은 많지 않다.

2~4개월 동안의 기초 태국어 수업을 듣는다면 적어도 태국인과 한담 나누기 정도는 시작할 수 있다. 그야말로 한담에 불과하고 나중에 생각하면 웃음이 터져 나올 만큼 실수투성이겠지만 적어도 태국인과 실제 상황에서 상호작용을 시작하게 된다. 상호작용은 언어를 배우기 위한 최고의 동기 부여 방법이다.

태국의 주요 도시들에는 외국인을 상대로 태국어를 가르치는 좋은 어학원들이 있다. 대부분 방콕에 몰려 있지만 치앙마이와 푸껫 등 외국인 거주자가 많은 곳이라면 어디서든 찾을 수 있을 것이다.

태국 영어

언어 문제 때문에 당신은 처음에 영어로만 말할 가능성이 크고, 그러면 당신의 태국 친구들은 여행이나 일을 하면서 만난 몇몇 사람들로 제한될 것이다. 영어로 당신의 말을 이해시키고 상대의 말을 이해하기도 쉽지는 않다. 태국의 영어 교육 수준이 계속 좋아지고 있지만 여전히 그리 높지 않기 때문이다.

태국인들은 중간에 모음 없이 두 개의 자음을 연달아 발음하지 않는 언어 습관이 있다. 따라서 영어로 말할 때도 종종 오해를 낳는다. 또 하나, 태국인의 영어 발음에서는 종종 자음이 사라진다(특히 그것이 마지막 자음인 경우). 예를 들어 90%의 태국인은 'I can't go'와 'I can go'를 모두 "아이 캔 고"로 단순하게 발음한다. 영어로건 태국어로건 이들의 장음과 단음을 구분하기는 쉽지 않다. 새로 사귄 태국 친구가 자꾸만 "아임 타이(I'm Thai)!"라고 말하는데 그가 왜 자신이 태국인임을 강조하는지 의아할 때, 십중팔구는 "아임 타이어드(I'm tired)"일 가능성이 높다.

어떤 단어에서는 자음을 모두 발음하지만 중간에 모음을 끼워 넣는 습관도 있다. 예를 들어 'twenty'는 'tawenty'가 되는데, 태국어에서는 'v'와 'w'가 동일하고 't'는 영어에서와 다르게 발음되기 때문에 "트웬티(twenty)"는 종종 "세븐티(seventy)"와 비슷한 소리로 발음된다. 흥정을 하거나 돈을 지불할 때 유념해야 할 부분이다. 이밖에도 태국에서 사용되는 영어는 알아들을 수 없을 만큼 태국화되어 있다. '싸템'은 스탬프를 가리키고, '싼비뜨'는 샌드위치를 가리키며, '방'은 뱅크를 가리킨다.

시간

태국인의 영어를 오해하게 되는 또 다른 원인은 그들이 어느 정도는 영어로 번역해서 말할 수 있지만 언어 습관이 여전히 태국적 사고에 머물러 있기 때문이다. 만일 태국인이 '4시'

에 만나자고 약속할 경우, 그것은 오전 4시나 오후 4시를 가리킬 수도, 또는 오전 10시나 오후 10시를 가리킬 수도 있다.

태국인들은 전통적으로 하루를 12시간씩 둘로 나누지 않고 여섯 시간씩 네 단위로 나누어왔다. 그에 따르면 오전 7시는 '아침 1시', 오전 11시는 '아침 5시'가 된다. 태국어로는 하루의 각 부분에 특별한 이름이 있어서 실수할 일이 없지만 영어로 번역할 때 오해가 생길 수 있다. 다행히 현대 태국인들은 24시간 시계에 익숙해졌지만 그래도 중요한 계획을 세울 때는 시간 기준을 확실히 말해두는 게 좋다.

죄송하지만…

당신은 태국인들이 아주 예의바름에도 "죄송하지만…"이나 "고맙습니다." 같은 말을 좀처럼 쓰지 않는다는 것을 알고 의아해 할 것이다. 그러나 그것은 사실이 아니다. 태국 사회에는 누군가를 얼마나 번거롭게 하느냐, 또는 무엇을 원하느냐에 따라 다양한 뉘앙스의 '죄송하지만'이 존재한다. 태국어의 많은 정중한 표현들과 다양한 요청/명령의 행동에 이미 '죄송하지만'의 요소가 포함되어 있다. 태국인들이 딴에는 정중한 요청이라고 생각해서 쓰는 영어가 마치 요구나 명령처럼 들릴 때가 있겠지만 그것은 단지 서투름 탓일 것이다. 예를 들어 어떤 태국인은 "Would you mind passing me the water?"라고 말할 수 있을 만큼 영어가 유창하지만 어떤 사람은 그냥 "Pass water"라고 의미만 겨우 전달할 수 있다.

고맙습니다

태국어로 "고맙습니다."라는 말도 자주 쓰지 않는다. 역시 감사를 표현하는 여러 가지 대안이 있기 때문이다. 가장 분명하고 단순한 대안은 미소이며, 웬만한 상황에서는 그걸로 충분하다. 태국어로 "고맙습니다."는 문자 그대로 누군가 당신에게 해준 무언가가 정말로 고마울 때만 사용한다. 저녁을 먹다가 소스를 건네주거나 사람들이 직업적으로 할 일을 해주는 서비스 정도에 고맙다는 말을 하지 않는다. 한편 누군가의 집에 갔다가 떠날 때는 고맙다고 말하는데, 이는 존경을 담은 표현이다. 말할 때 와이를 하거나 머리를 숙여 인사한다.

태국어 배우기

태국어 학교와 개인 교사는 교육 수준이 다양하다. 만일 신통치 않은 교사를 선택했다면 그가 아무리 성격 좋고 외모가 멋져도 핑계를 대고 다른 교사로 교체하라. 모든 강좌에 대한 비용을 선불로 내지 말고 '무료' 시범 수업을 들어본 다음 만족하면 수업을 받겠다고 분명하게 의사를 표현하라. 많은 학교와 개인이 영자 매체에 광고를 낸다. 방콕에 막 도착한 완전 초보자라면 가장 경험이 많고 일관되게 좋은 수업을 제공하는 AUA(American University Alumni Association Language Centre) 어학원에 등록할 것을 권한다. 전국 15개 곳에 AUA 어학원이 있다. www.auathailand.org를 참조하라.

AUA는 5주마다 집중 과정(하루 3시간)이나 정기 저녁 수업을 위해 새로운 학생을 받는다. 초보자에게 초등학교 6학년 수준의 문어 및 구어 실력을 갖추도록 훈련하는 종일반도 있다. 완전 초보자가 그 수준에 도달하려면 종일반을 12~18개월은 다녀야 한다. 그 외에도 각자 필요에 맞는 학습 방법을 선택할 수 있다. 다국적으로 진행되는 소규모 수업(최대 8명)을 찾아 태국어를 배울 수도 있는데, 이런 과정은 사실 영어를 배우고 싶어 하는 태국 젊은이들을 위해 만들어졌다. 입국 시기가 학기 시작일과 맞고 태국어를 배우려는 꾸준한 열의가 있다면 쭐랄롱꼰대학교나 치앙마이대학교에서 1년 과정을 듣는 것도 훌륭한 대안일 수 있다.

일반적으로 태국어를 배우거나 영어를 가르치는 것은 태국 체류를 위한 비자 취득에 충분한 사유가 되지 못한다. AUA 같은 어학원의 외국인 강사들도 대부분 비자 문제로 주기적으로 캄보디아나 라오스 국경까지 나갔다가 돌아온다. 태국어 종일반 과정에 등록하면 비이민 비자를 연장하기 쉽지만 대학교나 외부 영향력(예를 들어 고용주)의 지원이 필요할 것이다.

태국어 음역

안 그래도 태국어를 익히기 어려운데 이를 영어로 옮기는 공식적이거나 일반적인 방식도 없다. 왕실 태국어 일반 시스템(RTGS)이라는 것이 있지만 이는 모음의 길이나 성조를 구분하지 않으며, 로마자 발음 체계를 구성하는 데 있어 오해의 소지가 많다는 비판을 받아왔다. 예를 들어 모든 태국인이 살면서 많이 쌓기를 바라는 공덕을 'boon(분)'이라고 발음하는데 RTGS로는 그냥 'bun'이라고 표기한다. 그러면 대부분의 외국인은 '번'이라고 읽는다.

마이차이(may chay)는 태국어로 "아닙니다."라고 말하는 가장 흔한 방식이다. 두 단어 모두 하성으로 발음한다는 것을 안다면 그리 나쁘지 않게 발음할 수 있다. 로마자 음역만 보고

태국어를 영어로 올바르게 음역하는 방법은 없다.

두 단어에 있는 'ay'가 태국어로도 같은 글자라고 착각하기 쉽지만 사실은 그렇지 않다.

익숙한 로마자 문자로 쓰인 태국어 단어가 익숙한 로마자 방식으로 발음되지 않는 경우는 너무 많다. 그렇기 때문에 태국어는 다른 언어보다 배우기가 훨씬 어렵고, 유능한 선생님이 필요하며, 초기에 문자를 읽고 쓰는 법을 배우는 데 시간을 들일 가치가 있다. 태국어를 읽는 법(또는 암호 해독하는 법)을 제대로 배워야 어떤 단어를 어떻게 발음하는지를 알 수 있기 때문이다.

태국어는 성조 언어(각각의 단어가 고유한 성조를 갖는다)이며, 비교적 분명하고 단순한 5개 성조(평성, 저성, 하성, 고성, 상성)로 되어 있다. 아래는 표는 태국어의 5성조를 시각적으로 표현한 것이다.

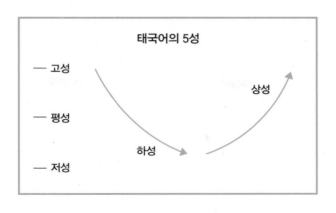

만일 당신이 노이(하성)라는 사람을 찾는데 그의 이름을 하성이 아닌 저성으로 발음한다면 전혀 다른 사람을 찾는 것이 된다. 그 사람에 대한 부연설명을 하려고 짧은 태국어 실력으로 '쑤워이'라고 말한다면 그것은 성조에 따라 그녀가 아름답다는 뜻일 수도, 혹은 재수 없다는 뜻으로도 들릴 수 있다. 하기야 세상에는 아름다운 동시에 재수 없는 사람도 많고, 그중에 노이라는 이름을 가진 사람도 있을 테지만 말이다.

이처럼 발음을 잘못할 수 있는 상황에서 한 가지 비책이 있다. 대부분의 언어와 마찬가지로 태국어에는 똑같은 것을 말하는 두 가지 방식이 있는데, 종종 그 두 단어를 함께 붙여서 쓴다(꼭 그런 것은 아니지만). 이를테면 '아름답다'를 뜻하는 중부 태국어 '쑤워이'와 (북부와 북동부에서 나온) 좀 더 오래된 단어 '응암'을 붙여 '쑤워이 응암'이라고 말하는 것이다. 그러면 성조가 좀 틀려도 상대가 알아들을 수 있다.

태국어는 5성조 언어일 뿐 아니라 유기음, 무기음 자음과 장모음, 단모음을 가졌다. 자음이 44자, 모음이 24자다. 이 모든 것을 로마 문자로 올바르게 음역하는 것은 거의 불가능하다.

이 책에서든 다른 어느 책에서든, 태국어를 음역하는 것은 양 날의 검과 같다. 예를 들어 우리는 "미안"을 "커톳 khor thort"이라 고 음역해 쓸 수 있지만 태국어를 모르는 채로 이것을 읽을 경 우, 제대로 발음할 확률은 "튀겨주세요" 또는 "(옷을) 벗어주세 요"라고 말할 확률과 비슷하다.

또한 태국어는 띄어쓰기를 하지 않고 구두점도 거의 사용 하지 않는다. 띄어쓰기가 없으니 영어보다 지면을 절반 정도 밖에 차지하지 않겠다고 생각할지 모르지만 그렇지 않다. 영 어로 쓴 한 페이지를 태국어로 번역하면 한 페이지가 훌쩍 넘 는다. 주된 이유로 태국어는 모음이 실제로는 자음 뒤에서 발 음되는데도(왼쪽에서 오른쪽으로 읽는다) 자음의 앞이나 뒤, 위나 아래, 또는 사방에 쓸 수 있고, 또한 성조를 바꾸기 위해 모든 글자 위에 추가적인 표시를 붙이기 때문이다.

그러나(모든 것에는 항상 '그러나'가 따른다) 다행스럽게도 태국 인들은 글을 쓸 때 띄어쓰기를 하지 않지만 말할 때는 단어 사 이를 적당히 띄어서 발음한다. 이런 띄어 읽기에 적응이 되면 단어와 문장을 구분해 듣고 분간할 수 있다. 모두들 그렇게 태 국어를 배운다.

태국어를 말로 할 때는 구두점 역할을 하는 요소도 풍부하 다. 이는 사람들의 말을 분명한 문장들로 쪼개는 데 도움이 될 뿐 아니라 문장에 의미를 더한다. 예를 들어 지위 시스템에 기 반한 중부 태국어는 거의 모든 문장이 크랍(화자가 남성인 경우) 이나 카(화자가 여성인 경우)로 끝난다. 이 두 단어는 아무것도 의미하지 않으며 동시에 모든 것을 의미한다. 이는 태국인들 에게 중요한 언어 습관이다. 크랍은 '예'라는 대답, 혹은 그냥 화자의 말에 동의하며 그가 말을 계속하도록 추임새를 넣는

흔한 방식이다.

이 유용한 단어(크랍)는 친구와 가족들 간에 대화할 때나 시
골에서는 종종 생략된다. 그러나 걱정 마시라. 문장을 잘 쪼개
는 데 도움을 줄 다른 조사들이 많다. 어학 강좌에서 종종 간과
되는, 외국인에게 가장 유용한 단어 중 하나는 '뢰'다. 항상 상
성으로 모음을 길게 늘이며 발음한다. 뢰는 '~라고 하셨나요?'
로 번역되며, 앞으로의 일이 아닌 지나간 일에 대해 묻는 단
어다. '마(상성) 뢰(상성)'라고 하면 '개라고 하셨나요?'가 된다.

뢰는 '또는'이나 '아니면'을 의미하기도 한다. 성조와 의미
를 알면 아주 유용하게 쓸 수 있는데, 예를 들어 '마(상성) 뢰
(상성) 마(고성으로 '말'을 뜻함)'는 '개라고 하셨나요, 아니면 말
이라고 하셨나요?'가 된다. 이렇게 물었는데 대답을 듣지 못했
다면 이 단순한 단어 '뢰'를 이용해서 다시 한 번 묻는다. 다행

히 태국인들은 이런 문제에서 대부분의 다른 나라 사람들보다 훨씬 인내심이 있다.

9
태국에서
일하기

당신에게 은이 있다면 나는 당신을 동생으로 여길 것이다.
당신에게 금이 있다면 당신은 내 형이다.

– 태국 속담

일의 의미

태국어로 '응안^{ngan}'은 일과 파티라는 두 가지 뜻을 갖는다. 여기서 우리는 태국인들이 일과 잔치를 구분하지 않는다는 것을 유추할 수 있다. 그들이 일터로 갈 때 파티에 가듯 신나서 간다기보다, 가능하면 일을 파티처럼 만들려고 노력한다는 뜻이다. 일과 파티를 상반된 개념으로 생각하는 데 익숙한 산업화된 사고방식을 가진 사람들에게 이는 조금 불가해하게 느껴질 수 있지만 단어의 기원이 그 수수께끼를 풀어준다. '일하다'를 뜻하는 '탐응안$^{tham\ ngan}$'을 문자 그대로 해석하면 '파티를 만들다'가 된다.

협동

최근까지 대부분의 태국인이 살았던 농경사회에서는 사람들이 친족과 주거지, 우정으로 서로 끈끈히 연결되어 마을의 어려운 일이나 한 가족이 감당할 수 있는 것보다 많은 노동력이 필요한 일을 집단적으로 해결해왔다. 현대 도시사회에서는 친구의 집에서 '응안'을 하자는 초대가 모두 삽을 들고 가서 정원의 땅을 파야 한다는 것을 의미하지는 않지만 여전히 어떤 집단적인 일을 함의한다.

예전에도 대부분 사람들은 함께 모내기를 하는 것보다 그 뒤의 파티 준비를 더 좋아했을 것이다. 논밭에서 하는 일은 그리 재미있지 않지만 함께 일하면 적어도 참을 만해진다. 협동

태국의 비즈니스 문화에는 옛 농경사회의 문화가 깊숙이 자리잡고 있다.

적인 '노동 교환'을 할 때는 일을 시작하기 전과 후에 논밭의
주인이 식사를 제공하는데, 이것이 곧 파티인 셈이다.

여럿이 등을 굽히고 일하는 이런 자리에서는 장래의 며느릿
감이나 사윗감의 힘과 인내심을 평가할 기회가 항상 주어졌
다. 등을 펴고 잠시 그늘 아래 앉아서 쉴 때, 사람들은 함께 잡
담을 나누며 음식을 먹는다. 논밭에서든 현대식 사무실에서든
그것은 누이 좋고 매부 좋은 일이다.

나란히 모내기를 하거나 수확을 하는 사람들은 종종 자기가
맡은 줄의 작업을 먼저 끝내기 위해 선의의 경쟁에 들어간다.
마치 방콕 시내에서 나란히 달리며 경주하는 버스 기사들처
럼. 그런 경쟁은 안 그러면 힘들고 지루할 일에 재미의 요소를
더한다. 도시의 업무 환경에서는 이런 동기부여가 부족하지만
태국인들은 최대한 이를 재현하려 들 것이다. 태국에서 성공
적인 사무실과 공장은 주로 사람들이 일을 즐기는 곳이다.

가족

도시의 대규모 직장들은 대부분 혈족도 아니고 이웃도 아닌 사람들이 일상적으로 상호작용하는 환경이다. 그런데 뜻밖에도 많은 태국 사업체에서 가족 중심의 직원 구성을 따르고 있다. AUA에 태국어를 배우러 가면 거의 모든 태국인 교사들이 친척 관계라는 사실을 알게 될 것이다. 태국에서는 이런 가족 기업들이 오랫동안 잘 기능해왔다. 가족 관계에 있는 교사들은 서로 도와가며 아주 지루할 수 있는 일을 즐긴다. 학생들도 직원들 간의 유쾌한 관계에서 이로움을 얻는다. 물론 가족관계나 그와 유사한 관계로 이루어진 직장 문화는 훨씬 나쁜 문제를 초래할 수도 있지만 말이다.

외국인 경영자

외국인이 태국에서 사업을 하고 싶다면 이곳의 사업 방식이 본국과는 같지 않다는 것을 알고 준비해야 한다. '1분 경영'에 관한 이야기 따위는 잊고 일과 관련해서는 주로 개인적으로, 그밖에 사교적인 시간은 직원들과 집단적으로 보낼 필요가 있다. 본사로부터 받은 정보를 전달하고 그 주의 지역 행사를 요약하는 주간 직원회의가 있을 텐데, 이때 잘한 일은 칭찬하되 잘못한 일을 공개적으로 비난하지 말라.

태국에서는 직원 관리 외에도, 사업에 도움을 줄 수 있는 외부인과 정부 관료, 영향력 있는 인물들을 적극적으로 접촉해 인맥을 넓힐 필요가 있다(사업 성격에 따라 필요 정도는 다를 것이다). 가능하면 힘 있는 사람들과의 동맹을 구축하고 적에 대해, 그리고 적을 무력화시키는 방법에 대해 알아두는 것이 좋다.

그러자면 거의 '상류층 스파이망'이라고 할 수 있는 수준의 정보망이 필요할 텐데, 이를 위해 능력 있고 높은 위치에 있는 태국인의 도움이 필수적이다.

매판

예전에 태국에서 성공한 외국 기업들은 모두 태국인 '매판'을 통해 일했다. 매판은 태국에 충성해야 할 입장이지만 실적에 비례해 외국인에게서 돈을 버는 사람이다. 19세기와 20세기 초에는 이들이 중국과 동남아시아 전역에서 중요하고 존경받는 지위를 누렸지만 20세기 후반에는 부정적 인식이 퍼져 그 용어를 더 이상 쓰지 않는다.

영어로 매판을 뜻하던 용어(comprador)는 이제 유럽 제국주의의 확산과 관련된 경멸적 뉘앙스를 띤다. 태국어로는 원래 의미를 잃고 지금은 금융중개인을 가리킨다. 어쨌든 태국에서 외국인 기업이나 경영자는 여전히 현대판 매판이 필요하다. 그 사람을 어떻게 불러도 좋지만 말이다(파트너나 대리, 개인 조수, 자문, 또는 비서가 될 수도 있을 것이다).

태국에 있는 외국인 관리자들은 효율적이고 수익성 있는 경영으로 가는 최단 경로에 관심이 있을 것이다. 매판은 그 길로 안내하는 자다. 당신이 계약서에 서명하기 위한 테이블로 갈 때, 이미 모든 일은 매판과 그와 학연이 있는 상대 진영 사람 간에 막후에서 진행되었고, 당신은 상징적 논의와 기념사진을 찍는 가벼운 마음으로 마지막 협상 의식만 치르면 된다. 프로젝트 실행이며 수입 및 수출 규제, 허가 등의 문제는 매판이 원만하게 해결할 것이다.

만일 당신이 실패한 관리자를 대신해서 그곳에 가게 되었다면 주변에 매판 역할을 할 사람이 없을 것이다. 그렇다면 직원들의 이력을 유심히 살펴보라. 태국에서 외국 기업에 취업한 그들은 아마도 높은 교육 수준과 언어 능력을 갖추었을 것이다. 태국 사회에서 교육을 아주 잘 받은 사람은 여전히 드물어서, 그는 역시 교육을 잘 받고 높은 위치에 있는 사람들을 개인적으로 알거나 친족 관계로 얽혀 있을 가능성이 크다. 특히 중년의 직원들에게 관심을 기울여라.

주변에 매판 역할을 할 사람이 없다면 채용해야 한다. 가장 확실한 방법은 다른 외국 회사에서 영입하는 것이다. 물론 쉽지 않은 일이고 그 사람에게 훨씬 많은 돈을 제안해야겠지만 어차피 싼 값에 매판을 영입할 수는 없다. 한편 좋은 매판만 있으면 그저 편히 앉아서 모든 걸 해결할 수 있다고 생각한다면 그것도 오산이다. 당신은 여전히 이 회사의 책임자이고, 매판에게 휘둘리지 않으려면 태국의 방식과 언어에 대한 지식을 스스로 갖춰야 한다.

조직 재구성하기

아무리 훌륭한 매판이라도 그가 직원을 관리하지는 않고 일상적인 사무실 업무도 많이 하지 않을 것이다. 다행히 최소한의 점검으로 일상적인 행정 업무가 효율적으로 수행되면 좋겠지만, 그렇지 않다면 당신이 만족할 때까지 직원들의 역할 변화를 시도할 필요가 있다. 일단 무엇이 잘되고 무엇이 잘되지 않는지를 파악해야 할 텐데, 그 판단 시간을 너무 길게 갖지는 마라. 새로운 상사가 오면 다들 뭔가 변화가 있을 것이라 예상하기 때문에 어차피 할 일이라면 빨리 해치우는 것이 좋다. 마키아벨리의 이론처럼 들리는가? 사실이 그렇다. 잘라낼 것은 한 번에 잘라내야 더 빨리 잊힌다. 속도가 중요하다.

태국 가정에서는 구성원이 병들어 죽어나 결혼해서 출가하면 다른 사람이 그 자리를 대신한다. 개인보다 가족 자체의 연속성이 중요하다. 정원사가 가지치기를 하듯, 의사가 절개를 하듯, 불필요한 부분을 과감히 잘라내라. 그리고 수술이 끝나면 조직의 회복을 위해 힘써라.

좋은 관리자는 적어도 표면적으로는 변화에 개입된 모든 사람이 전보다 많은 책임을 가진 것처럼, 그래서 승진에 더 가까워진 것처럼 보이게 할 수 있어야 한다. 회사가 정한 제한과 예산, 규칙, 규정 범위 내에서 태국의 전통적인 후원 방식에 따라 당신을 따르고 복종한 사람에게 보상할 것임을 전 직원에게 이해시키도록 하라.

당신이 만족할 만큼 조직이 정리되었다면, 이제 느긋하게 앉아서 여유 있는 모습을 보여라. 직원들을 조금씩 알아갈 시간이다. 직장을 좀 더 즐거운 곳으로 만들고, 직원들로부터 인기를 얻도록 노력하라. 본국에서보다 즐거움과 재미에 비용을 더 투자하는 것이 좋다. 태국에서는 일이 재미없어도 순전히 경제적 보상에만 만족하는 근로자는 많지 않다. 다행히 파티를 조직할 기회는 많다. 외국인 관리자는 그저 가만히 앉아서 즐기다가 모두에게 노고를 치하하고 향후 회사의 확장에 관한 짧은 연설을 한 뒤 계산만 하면 된다.

직장에서 일이 더 이상 즐겁지 않다면 금세 업무 속도가 더뎌지고 가끔은 아예 중단되기도 한다. 태국인들은 합리적인 시간 내에 양질의 제품을 생산한다는 명성을 얻었지만 아직 독일인들의 절제력과 지구력을 갖추지는 못했다. 새로운 활동을 시작할 때는 아주 열정적으로 임하겠지만 즉각적인 보상이 없거나 일이 지루해지면 곧 그만둬버린다. 농경사회에서는 가족과 이웃으로부터의 사회적 압력이 다음 번 파티가 찾아올 때까지 버티며 일하게 했지만, 사무실과 공장에서는 그만큼의 압력이 존재하지 않는다.

족벌주의

태국의 족벌주의는 채용과 취업, 계약 입찰자 선정에 영향을 줄 수 있다. 외국인 중역에겐 친척을 도와야 할 사회적 압력이 없겠지만 태국인의 경우 사적인 관계를 생산성 문제보다 우선할 수 있음을 인식하라.

태국에서 족벌주의는 꼭 부정적인 것은 아니다. 경제적, 사회적 관계가 분리되지 않았던 농촌사회의 이상적 모델을 도시 환경에 이식하는 시도로 볼 수 있다. 근대화와 도시화는 태국인들의 오래되고 자연스러운 질서를 단기간에 뒤바꿔놓았다. 많은 태국인은 여전히 가족이 아닌 완전한 타인과 함께하는 삶을 부자연스럽고 불안하게 느낀다. 따라서 일하는 환경을 그들에게 익숙한 가족적 방식으로 재창조하려는 경향이 있다. 그것은 인간적인 반응이며, 어떤 면에서는 더 생산적인 직장 환경을 창조할 수도 있다.

어쨌든 족벌주의는 강력한 농경 문화의 전통을 지닌 나라에서 자연스러운 현상이다. 관리자들은 족벌주의의 부정적 영향을 경계해야 하지만, 그것을 강하게 뿌리 뽑으려는 시도는 직장에 심각한 불안감을 조성하고 '일하는 공동체'의 발전을 더디게 할 수도 있다는 점을 유의해야 한다.

겸업

도시에 만연한 또 다른 업무 습관은 겸업이다. 이 부분은 어떤 장점도 찾기 힘들다. 졸린 눈을 한 공무원이 야간에는 부동산을 팔고 있을 수 있다. 당신이 퇴근한 뒤 비서가 늦게까지 사무실에 남아있는 이유는 남은 업무 때문이 아니라 부업으로 타자를 치거나 통화를 하고 있기 때문일지 모르며, 매주 목요일마다 사라지는 홍보 담당관이 옆 사무실의 태국인에게 영어 수업을 하고 있을지도 모른다.

많은 태국인이 겸업까지 하며 장시간 일하는 이유는 간단하다. 돈 때문이다. 태국의 내수시장은 전에 없이 커졌고 모든 것에 대가를 지불해야 한다. 그 대가를 당신이나 당신 회사가 다 지불하지 않는다면 그의 겸업에 상관하지 마라. 누군가 두세 가지 직업을 가지고 있지만 그 일을 다 잘해낸다면야 아무래도 상관없다. 그러나 날마다 책상 앞에서 졸고 있다면 문제가 될 것이다.

다국적 기업이 많이 진출해 있는 대도시에서는
외국인 비즈니스맨을 쉽게 마주칠 수 있다.

비판과 질문

파괴적인 비판

서양에서는 어디서나 건설적 비판이 가능하고 이를 긍정적인 현상으로 본다. 두 사람이 회의에서 공개적으로 대립해 서로를 비판할 수 있으며, 의견 차이를 인정해 건설적 타협에 이르고, 여전히 친구로 남아 퇴근 후에 함께 술을 마시러 갈 수 있다. 그러나 태국인에게는 이런 행동을 기대하기 어렵다.

태국인들 사이에도 의견 차이는 존재하지만 차이에 대한 비판적 표현은 신중하게 피하는 편이다(정치를 제외하면). 그들은 타인을 비판하기 싫어할 뿐 아니라 그것이 사회제도를 파괴하는 행동이라고 생각한다. 윗사람이 결정하면 아랫사람은 그저 따른다. 윗사람을 비판하는 것은 곧 그의 옳고 그름에 의문을 제기하는 것으로 여겨진다. 반대로, 아랫사람을 비판하는 것은 그에게 결정의 책임이 있음을 암시하거나, 또는 윗사람이 그에게 내린 명령이 부적절하거나 실수였다는 것을 의미하게 되어 이 또한 잘 하지 않는다.

만약 윗사람을 비판한다면 그는 대응책으로 비판의 원천을 제거하려 들 가능성이 크다. 설령 아랫사람의 발언이 합당하고 그로 인해 많은 돈을 절약하거나 생산성을 향상시킬 수 있더라도 말이다. 흔하진 않지만 아랫사람의 비판을 받아들여 적절한 행동을 취할 경우에도, 비판을 했던 사람은 칭찬이나 승진 대신 아무런 소득도 없이 해고되거나 좌천되거나 전직되기 십상이다.

윗사람에게 비판을 받은 아랫사람은 어떻게 될까? 그는 불편함의 원천을 제거할 수 없는 위치이기에 스스로 자리를 떠날 수 있다. 그것이 최대한 빨리 비판의 현장에서 벗어나는 방법이다. 그렇지 않으면 공개적 수모를 겪고 변명을 해야 한다. 그런 수모 뒤에는 불가피하게 개인적 원망이 뒤따르며, 태국인이라면 그것을 몇 년 동안 곱씹을 수 있다. 그를 비판했던 상사가 내린 명령을 아주 천천히 실행하고 의도적으로 지연시키거나, 준비되지 않은 사람에게 일을 넘기면서 "사장이 이 일을 당신한테 시키랬어요."라고 말할지 모른다.

상사의 뒤에서 은밀하게 이루어지는 뒷말은 더 무섭다. 직원들의 험담 작전이 오랫동안 계속되면 상사의 인기는 떨어지고 생산성에도 부정적 영향을 미칠 수 있다. 그런 수동적인 저항에는 대처하기가 무척 힘들다.

간접적인 비판

그렇다면 가엾은 외국인 경영자는 어떻게 해야 할까? 계속되는 지각과 형편없는 업무의 질을 참아내고 아무런 불평도 하지 말아야 할까? 어쩌면 그럴지도 모른다. 참는 것이 진압하려는 시도보다 생산적일 수 있다.

적어도 당신이 아주 다른 상황에 와 있다는 것을 인식할 필요가 있다. 가령 독일에서 직원들에게 '엄하지만 공정한' 상사로 존경받던 사람이 태국에서는 입에 재갈을 물지 않는 한 좋은 성과를 달성하기 힘들다. 태국에서 성공한 외국인 상사는 직원들에게 인기가 많고 최대한 간섭을 덜 하는 사람이다. 소매를 걷어붙이고 직원들에게 일하는 방법을 보여주는 대신, 조금 뒤에 나올 '하얀 코끼리'의 예에서 교훈을 얻어 간접적으로 비판할 방법을 찾아보라.

비판하는 법

간접적 비판은 미묘한 기술이며 매번 같은 공식을 따를 수 없다. 그러나 아래와 같은 원칙을 기본으로 삼는 것이 좋다. 가장 중요한 것은 첫 번째와 마지막이다. 친절은 항상 효과가 있다.

- 무슨 일이 있어도 공개적 대립을 피한다.
- 입장을 바꿔 생각한다.
- 이야기하기에 가장 좋은 시간을 택해서 말한다. 당신이 화나 있지 않을 때가 좋다.
- 비판과 칭찬의 균형을 맞춘다.
- 간접적이고 외교적인 접근법을 취해, 제안하듯 비판하고 행동 변화에 대한 구두 동의를 얻는다.
- 항상 친절하고 모두에게 먹을 것을 사준다.

하얀 코끼리

과거 태국에서는 하얀 코끼리가 태어나면 존경의 표시로 항상 왕에게 진상했다. 국가적 평화와 번영의 상징인 하얀 코끼리는 정해진 절차에 따라 많은 비용을 들여 잘 관리해야 하는데, 왕은 귀족들에게 그것을 돌보도록 맡김으로써 영광을 베풀었다.

하얀 코끼리는 양날의 검이었다. 왕실의 총애를 받는 사람들은 코끼리의 유지 관리에 들어갈 비용이 문제되지 않았다. 어차피 토지도 선물로 하사될 것이기 때문이다. 그러나 왕실의 눈밖에 난 귀족에게는 코끼리 돌보기가 일종의 벌로 기능했다. 왕은 그런 사람에게는 토지를 하사하지 않고 코끼리만 보냈다. 일을 하지도 않는 하얀 코끼리는 팔거나 누군가에게 줄 수도 없이 귀족의 재산만 축냈다. 따라서 왕실의 비위를 거스른 귀족들은 자신의 행동이나 야망을 조정함으로써 비슷한 '영광'을 받지 않도록 조심했다.

정치권을 제외하면, 태국인에게 공개적 비판은 전쟁 행위나 마찬가지다. 적대적 집단이나 정당에 속하는 개인들 사이에서는 언제나 일어나는 일이지만, 같은 집단 구성원 내에서는 절대 일어나지 않는다.

질문

비판을 꺼리는 태국인의 성향은 어떤 식으로든 비판을 암시할 수 있는 질문을 피하는 태도로도 이어진다. 예를 들어 강의실이나 세미나실에서 아무도 질문하지 않을 것이다. 질문 자체가 강연이 완벽하지 못했거나 질문자가 강연을 이해하지 못했다는 것을 암시할 수 있기 때문이다. 외국인 강사들은 강의 후에 항상 "질문 있습니까?"라고 묻지만 아무 질문 없이 수업이 끝나는 경우가 많다. 어떤 학생들은 강의가 끝난 뒤 며칠 또는 몇 주를 기다렸다가 개인적으로 찾아가 질문을 하기도 한다.

불평

새 시계를 샀는데 이틀 만에 고장이 났거나 배관공이 당신의 손수건을 수도관에 묶어 누수를 처리했다면 불평을 해야 마땅하다. 이런 상황에서 친절하고 은근한 태도로 예의를 지키기는 쉽지 않다. 그러나 이럴 때 인내심을 발휘해 그들의 호감을 산다면 어떨까? 다음번에는 더 신경 써서 일을 처리하거나, 요금을 깎아주거나, 당신을 위해 다른 뭔가를 해줄지 모른다.

물론 친절에는 한계가 있고, 태국인들이 당신에게 그 한계를 가르쳐줄 수도 있다. 하지만 입으로 불평을 말하기 전에 머리로 한 번 더 생각해보면, 모든 사람이 당신을 이용하려는 것은 아니며 나쁜 기억뿐 아니라 아주 좋은 경험도 당연히 있었다는 것을 깨닫게 될 것이다. 태국에서는 좀 더 현실적일 필요가 있다. 꼭 불평해야 하는 상황이라면 불평하라. 그러나 꼭 그래야 하는 상황인지를 한 번 더 생각해보라.

10

태국 속성 노트

공식 명칭 타이 왕국(Kingdom of Thailand)

수도 방콕

행정구역 76개 도(짱왓)로 이루어져 있으며 각각의 도는 시/군/구(암퍼)와 읍/면(땀본), 리(무반)로 나뉜다.

면적 51만 7000제곱킬로미터

시간 그리니치 표준시보다 7시간 빠르다(GMT+0700). 한국보다 2시간 느리다.

전화번호 국가코드 66

알려진 최초의 사실 약 1만 년 전에 집단 거주. 세계 최초로 농사를 짓고 금속을 가공한 민족 중 하나.

기후 열대몬순 기후. 우기는 6~10월, 건기는 11~5월. 가장 더운 시기는 3~7월로 온도가 30도 후반에 이른다. 북부와 고지대는 12~2월에 선선하다. 습도는 평균 66~82%로 높다.

인구 6919만 4581명(2018년 기준 UN 집계). 그중 54%가 도시에 거주, 75%가 타이족이며 지역에 따라 크게 4개 집단으로 나뉜다. 그외 중국계(14%)와 말레이계(350만 명)가 가장 큰 소수집단을 이루고, 산간지역에 상당수의 고산 부족이 산다.

종교 약 95%가 상좌부 불교(소승불교) 신자이고 나머지는 대승불교 신자(대부분 중국계), 0.5%는 기독교(중국계, 타이족, 고산부족)다.

언어 태국어(중부 태국어). 인구의 약 50%는 집에서 지역 방언을 쓴다. 상점에서 중국어가 통하며, 영어를 제2외국어로 가르치지만 널리 사용하지는 않는다.

통화 태국 바트

국내총생산(GDP) 5147억 달러(2018년 기준)

산업 제조업(외국 자동차, 전자제품, 플라스틱 순), 농업, 관광업, 의류, 시멘트, 광업(텅스텐, 주석), 가구.

수출품 섬유와 신발, 수산물, 쌀, 고무, 보석류, 자동차, 컴퓨터, 전자 제품.

수입품 자본재, 중간재, 원자재, 소비재, 연료.

정부 체제

- 태국은 서기 1238년 이래로 독립 국가였으며, 동남아시아에서 서양의 식민지가 되는 것을 피한 유일한 나라다.
- 1932년 이래로 영국을 모델로 한 입헌군주제를 유지해왔다.
- 총리와 함께 500명의 하원의원이 4년마다 총선을 통해 선출된다.
- 상원은 헌법 개정과 관련한 표결을 한다.
- 다당제 의원내각제를 채택하고 있다. 2014년 5월에 일어난 군사 쿠데타로 2007년에 헌법이 폐지되고, 계엄령을 시행해 선거를 연기함으로써 헌정이 중단되었다가 2017년 새로운 헌법이 도입 되었다.
- 현재 태국은 쁘라윳 짠오차 총리의 국가평화유지위원회에 의해 통치되고 있다.
- 1932년 입헌군주제를 도입한 이래 대부분 기간 동안 군부가 태 국 정부를 장악했고, 종종 쿠데타를 통해 집권에 성공했다. 현대 화와 경제성장, 국제화, 아세안 회원국의 지위, 헌법 개혁에 대한 광범위한 지지에 따라 쿠데타는 과거의 산물로 여겨졌으나 2014 년에 또 다시 일어나 충격을 주었다.
- 국왕은 정부 내에서 능동적 역할을 하지 않지만 지위에 기반한 사회체제 내에서 왕족은 여전히 가장 중요한 사회 구성원이다. 따라서 국왕의 의견과 승인이 무엇보다 중요하다.

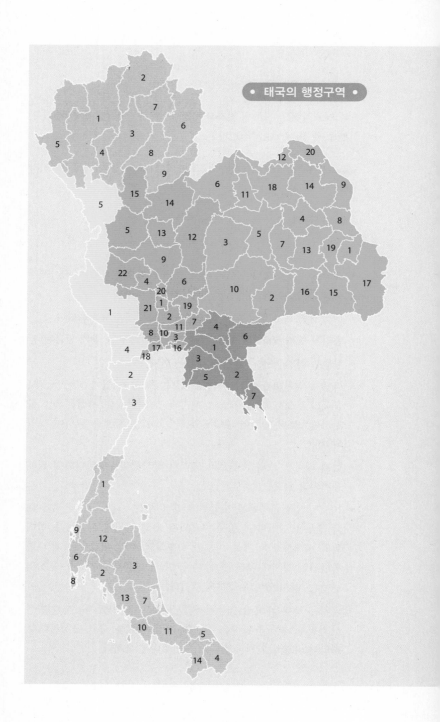

태국의 행정구역

북부

1. 치앙마이 (เชียงใหม่)
2. 치앙라이 (เชียงราย)
3. 람빵 (ลำปาง)
4. 람푼 (ลำพูน)
5. 매홍손 (แม่ฮ่องสอน)
6. 난 (น่าน)
7. 파야오 (พะเยา)
8. 프래 (แพร่)
9. 우따라딧 (อุตรดิตถ์)

서부

1. 깐짜나부리 (กาญจนบุรี)
2. 펫차부리 (เพชรบุรี)
3. 쁘라쭈압키리칸 (ประจวบคีรีขันธ์)
4. 랏차부리 (ราชบุรี)
5. 딱 (ตาก)

남부

1. 춤폰 (ชุมพร)
2. 끄라비 (กระบี่)
3. 나콘시탐마랏 (นครศรีธรรมราช)
4. 나라티왓 (นราธิวาส)
5. 빠따니 (ปัตตานี)
6. 팡응아 (พังงา)
7. 파탈룽 (พัทลุง)
8. 푸껫 (ภูเก็ต)
9. 라농 (ระนอง)
10. 사뚠 (สตูล)
11. 송클라 (สงขลา)
12. 수랏타니 (สุราษฎร์ธานี)
13. 뜨랑 (ตรัง)
14. 얄라 (ยะลา)

중부

1. 앙통 (อ่างทอง)
2. 아유타야 (พระนครศรีอยุธยา)
3. 끄룽텝마하나콘 (กรุงเทพ ฯ)=방콕
4. 차이낫 (ชัยนาท)
5. 깜팽펫 (กำแพงเพชร)
6. 롭부리 (ลพบุรี)
7. 나콘나욕 (นครนายก)
8. 나콘빠톰 (นครปฐม)
9. 나콘사완 (นครสวรรค์)
10. 논타부리 (นนทบุรี)
11. 빠툼타니 (ปทุมธานี)
12. 펫차분 (เพชรบูรณ์)
13. 피찟 (พิจิตร)
14. 핏사눌록 (พิษณุโลก)
15. 수코타이 (สุโขทัย)
16. 사뭇쁘라깐 (สมุทรปราการ)
17. 사뭇사콘 (สมุทรสาคร)
18. 사뭇송크람 (สมุทรสงคราม)
19. 사라부리 (สระบุรี)
20. 싱부리 (สิงห์บุรี)
21. 수판부리 (สุพรรณบุรี)
22. 우타이타니 (อุทัยธานี)

동북부

1. 암낫짜른 (อำนาจเจริญ)
2. 부리람 (บุรีรัมย์)
3. 차이야품 (ชัยภูมิ)
4. 깔라신 (กาฬสินธุ์)
5. 콘깬 (ขอนแก่น)
6. 르이 (เลย)
7. 마하사라캄 (มหาสารคาม)
8. 묵다한 (มุกดาหาร)
9. 나콘파놈 (นครพนม)
10. 나콘랏차시마 (นครราชสีมา)
11. 농부아람푸 (หนองบัวลำภู)
12. 농카이 (หนองคาย)
13. 로이엣 (ร้อยเอ็ด)
14. 사꼰나콘 (สกลนคร)
15. 시사껫 (ศรีสะเกษ)
16. 수린 (สุรินทร์)
17. 우본랏차타니 (อุบลราชธานี)
18. 우돈타니 (อุดรธานี)
19. 야소톤 (ยโสธร)
20. 릉깐 (บึงกาฬ)

동부

1. 차층사오 (ฉะเชิงเทรา)
2. 짠타부리 (จันทบุรี)
3. 촌부리 (ชลบุรี)
4. 쁘라찐부리 (ปราจีนบุรี)
5. 라용 (ระยอง)
6. 사깨오 (สระแก้ว)
7. 뜨랏 (ตราด)

마하 와치랄롱꼰 국왕

2016년 10월 13일 부친의 사망으로 왕위를 계승한 태국 국왕이다. 푸미폰 아둔야뎃 국왕과 시리낏 왕비의 외동아들로 1972년 20세에 왕세자가 되었다. 1952년 7월 28일에 태어난 그는 짜끄리 왕조의 열 번째 왕이며, 따라서 라마 10세다. 영국과 호주에서 교육받았다.

푸미폰 아둔야뎃 대왕

1927년 12월 5일 미국 매사추세츠주 케임브리지에서 태어났으며 1946년 국왕이 되었다. 쭐랄롱꼰 대왕의 손자로, 1950년 4월 28일 시리낏 키티야카라와 혼인하고 1950년 5월 5일 정식으로 즉위했다. 1932년 절대왕정이 폐지되면서 국왕은 실질적인 정치력을 잃어버렸지만 태국의 살아있는 상징이자 단합의 구심점으로 여전히 중요한 기능을 한다. 푸미폰 왕은 대중 앞에 자주 모습을 보이고 태국 정치의 양 극단 사이를 중재하며 적극적인 국왕의 삶을 살았다.

시리낏 왕비(대왕대비)

1932년 8월 12일 태국에서 태어났다. 아버지는 영국과 프랑스 주재 태국 대사였다. 시리낏 왕비는 남편과 함께 시민들, 특히 농촌 여성들의 복지 개선을 위해 지칠 줄 모르고 일했다. 그녀의 주도와 후원 하에 태국 농촌 여성들의 생활 개선을 위한 전통 공예와 직물 사업이 조직되었다.

손톤푸(1785~1855)

'태국을 대표하는 민중시인, 태국의 셰익스피어'라는 명칭으로 불린다. 그의 생일인 6월 26일을 '손톤푸의 날'로 지정해 기념하고 있다. 그는 계관 시인이 되고 왕실 칭호를 받았지만 궁중어가 아닌 자신이 살던 시대의 일상적인 태국어로 삶과 사랑, 역경, 실연 같은 민중의 현실을 반영하는 대중 시를 썼다. 가장 잘 알려지고 사랑받는 작품은 음악을 이용해 연인들을 유혹하고 악마를 죽이는 마법의 피리를 부는 소년의 모험을 그린 〈프라아파이마니〉라는 서사시다.

2006년 그 이야기를 바탕으로 〈수카콘의 전설 Legend of Sudsarkorn〉이라는 영화가 제작되기도 했다.

태국 문학의 번역이 전반적으로 부족하기 때문에 손톤푸는 외국에 거의 알려지지 않았지만, 1986년 유네스코는 문학적 중요성을 인정해 그를 유명 고전 시인으로 지정했다.

탁신 친나왓

2001년부터 쿠데타가 일어난 2006년 9월까지 태국 총리를 지낸 인물이다. 1949년 치앙마이에서 부유한 상인 가문의 아들로 태어나 태국경찰학교에서 공부하고 미국에서 법학 학위를 취득한 뒤 1978년 텍사스에 있는 샘휴스턴주립대학에서 형사행정학 박사 학위를 받았다.

1994년 탁신은 짬롱 시므앙이 이끄는 법령당에 입당하며 정계에 입문했고, 짬롱이 사임한 뒤 당을 이끌며 1997년 차월릿 정부 하에서 부총리를 역임했다. 1998년 타이락타이당을 결성해 2001년 1월 선거에서 낙승을 거두었고, 같은 해 태국 정부의 총리가 되고 2005년 3월 재선에 성공했다. 그의 가장 큰 성취는 모든 태국인에게 적용되는 공공 의료보험을 도입한 것이라고 평가된다. 2006년 군사 쿠데타로 실각하고 2007년에는 부정부패 혐의로 재판에 회부되어 해외로 도피했으며, 그후 그의 정당은 해체되었다.

잉락 친나왓

탁신의 여동생으로 2011년 8월 5일부터 2014년 5월 7일까지 태국 총리를 역임했다. 오빠와 마찬가지로 치앙마이에서 태어나 북부와 북동부에 지지 기반을 두고 있다. 태국 최초의 여성 수상으로, 정치적 경험도 없이 44세의 나이에 선거에서 낙승해 집권했다. 그녀는 태국에 돌아오지 못한 오빠 탁신의 대리인으로 여겨졌다. 집권하자마자 2004년 쓰나미 이후 최대의 자연재해에 직면하고 2014년 헌법 재판소에 의해 해임된 후 해외로 도피했으며, 이후 궐석재판에서 직무유기로 징역 5년을 선고받았다.

쁘라윳 짠오차

현재 태국 총리다. 2010년부터 2014년 10월까지 태국 육군참모총

장을 지냈다. 2014년 5월 쿠데타를 이끌었고, 이 쿠데타의 성공으로 그가 이끄는 국가평화유지위원회가 태국을 집권하고 있다.

프라 파윰 칼라야노

거침없이 말하는 승려이자 활동가다. 교육과 환경, 불교 승려의 역할과 같은 문제들에 대한 지칠 줄 모르는 노력으로 국민들에게 큰 지지와 존경을 받고 있다. 이야기를 통해 불교 메시지를 가장 잘 전달할 수 있다고 믿는 그는 노련한 연예인이자 달변가이기도 하다. 그의 설법은 재미난 일화와 이야기로 가득하며 태국인들은 그의 직설과 실용성, 오락적인 비틀기를 사랑한다. 설법을 녹음해 카세트테이프로도 판매하며, 때로는 가장 인기 있는 태국 팝 음악보다 많이 팔린다.

　그는 종교 지도자일 뿐 아니라 만인의 평등을 믿는 민중 활동가이기도 하다. 자신이 주지로 있는 논타부리의 사원에 학교를 설립해 수백 명의 실업자에게 직업 훈련을 해주고 있다. 그가 태국의 다른 사회 활동가들과 구분되는 점은 열렬한 환경운동가이기도 하다는 것이다. 같은 사원에서 그는 버려진 폐기물을 분류해 재활용하는 소박한 재활용 공장을 세웠다.

큭릿 쁘라못

태국의 유명 정치인이자 문인이다. 라마 5세의 손자인 그는 고전무용과 드라마에서부터 정치, 문학에 이르는 다양한 관심과 성취 덕분에 '르네상스의 남자'라고 불린다. 영국 옥스퍼드에서 교육받고《시암 라트 Siam Rath》지에 글을 쓰는 것으로 경력을 시작한 뒤 많은 태국 문학작품을 집필했다. 영어로 번역된 작품으로는《수많은 생애》《붉은 대나무》《왕조사대기》가 있다.

　1940년대에 큭릿은 정계에 입문해 1975년부터 76년까지 태국 총리를 지냈다. 1974년 태국 헌법을 제정할 때 중요한 역할을 한 것과 1975년 중국과의 오랜 적대를 깨고 외교 관계를 수립한 것이 그의 정치적 성취로 높게 평가받는다. 1995년 84세의 일기로 세상을 떠났고, 같은 해 태국 국민예술가 칭호를 받았다.

쁘라팁 응쏭탐 하타

쁘라팁의 이야기는 슬픈 해피엔딩 소설처럼 들린다. 그는 1952년에 태어나 방콕 남쪽의 클롱토에이항 빈민가에서 성장했다. 열 살에 가족의 생계비를 벌기 위해 배에서 녹을 긁어내는 일을 했다. 그러나 젊은 쁘라팁이 무엇보다 원했던 것은 학교에 다니는 것이었다. 열심히 일해서 번 돈을 저축해 열 살이 넘어서야 마침내 야간학교에 다닐 수 있었다.

1970년대에는 방콕에 약 100만 명의 빈민이 있었다. 그중 가장 큰 집단이 클롱토에이항 근처의 넓고 비위생적이고 황폐한 땅에 세워진 불법 정착촌에서 생활했다. 그들은 정부의 복지 혜택을 이용할 수 없었고 당국은 그들의 존재를 못 본 척했다. 다닐 수 있는 학교가 없었기 때문에 아이들은 거리를 배회하며 마약이나 매춘과 관련된 범죄자가 되었다.

젊은 쁘라팁은 이런 청소년들을 교육시키기로 결심했다. 16세에 자신이 사는 고상가옥을 임시유치원과 교실로 만들어 하루에 1바트의 기본비용만 받고 언니와 교대로 이웃 아이들을 가르쳤다. 국가와 국제사회로부터 지원을 받기는커녕 학교를 폐쇄하지 않으면 체포하겠다고 위협하는 당국과 싸워야 했다. 8개월간의 싸움 끝에 정부는 마침내 그녀의 학교를 공식적으로 인정했다. 이 투쟁에 대한 소문이 퍼지면서 기부가 쏟아졌고 그 돈으로 가난한 사람들의 복지를 위한 자선재단 두앙쁘라팁 재단을 설립했다.

태국인들에게 '크루 쁘라팁', 즉 '쁘라팁 선생님'이라 불리는 그녀는 1978년 막사이사이 공공봉사상을 수상했다.

술락 시바락사

문제적 관점으로 잘 알려진 태국의 유명 지식인이며 사회 비평가다. 1932년에 태어나 영국에서 교육을 받았으며, 26세에 태국으로 돌아와 정치, 사회적 문제들을 다루는 지식인 잡지《사회과학비평 Sangkhomsaat Paritat》지를 창간했다. 이후 인권 투쟁 및 민중의 발전과 관련된 많은 NGO의 설립을 도왔다.

그는 근본적으로 잘못되었다고 생각하는 것에 대한 비판을 주저하지 않는다. 이런 태도 때문에 강력한 적뿐 아니라 많은 지지자가 생겼다. 쿠데타에 반대한다는 이유로 체포되어 수감 생활을 하고, 운영하던 서점이 불태워지기도 했다. 두 차례 해외로 망명했지만 1992년 태국으로 돌아올 수 있었다. 많은 출판물과 NGO 활동을 통해 여전히 태국사회에 변화의 기틀을 마련하고 있다. 한편 지적인 불교신자이며 민주주의자인 술락은 불교의 원칙과 실천, 그리고 비폭력적 변화를 위한 도구로서 다른 종교의 가치에 대해서도 폭넓게 글을 썼다. 1995년 대안적 노벨상이라 알려진 바른생활상(Right Livelihood Award)을 수상했다.

참롱 스리무앙

1935년에 태어난 그는 일찍이 군인으로 훈련받았으나 1980년대에 정계에 입문하며 군대의 이미지를 벗었다. 일찍이 육군 장교로 활동했음에도 1992년 군사 쿠데타에 반대하는 시위를 벌이는 학생들을 돕고 지지했다.

태국인들이 군부 통치와 부패한 정치가들에 질려 있을 때 그는 신선한 대안을 제안했다. 언론에 의해 '미스터 클린'이라는 별명이 붙은 그는 정직하고 투명하며, 또한 행동하는 사람이었다. 1985~92년 방콕 시장을 지내면서 방콕의 거리와 운하, 시장을 깨끗하고 질서 있게 정리했고, 방콕 사람들이 직면한 고질적 문제인 홍수와 교통 정체를 잘 관리해냈다. 열정적인 반부패 노력으로 태국인들의 존경을 얻었다.

독실한 불교신자인 그는 평소 간소하게 생활하고 소박한 옷차림에 하루 한 끼만 먹으며 채식주의를 실천해 종종 간디에 비유되곤 한다. 막사이사이상을 받고 1990년대 중반에 정계에서 은퇴했다가 2000년 당시 총리인 탁신의 요청으로 총리 자문으로 복귀했다.

쁘리디 파놈용

1932년 소르본 대학을 졸업한 변호사로 '혁명'의 지도자였다. 여기서 혁명이란 태국 정치 시스템의 기본 구조를 완전히 바꾸는 무혈 쿠데타를 말한다. 그로 인해 쁘라차티뽁 왕이 절대 권력을 내려놓고 태국은 마침내 지금의 입헌군주제 국가가 되었다. 쿠데타 당시 쁘리디는 쁠랙 피분송크람(일명 '피분')과 연합했지만 이후 태국 역사의 상당 부분은 두 지도자 간의 경쟁과 대립으로 점철되었다.

쁘리디는 1934년 탐마삿대학교를 설립한 인물로도 기억되며 좌파 성향에 열렬한 반파시즘, 반일 입장에 서있었다. 반면 피분은 파시즘을 찬양하고 친일 성향이 강해 대규모 태국 대중 앞에서 연설할 때 파시즘 경례를 하곤 했다. 현대 태국은 이 두 정치인에게 많은 것을 빚지고 있다.

피분이 1942년 미국과 영국에 대한 전쟁을 선언했을 때 쁘리디는 이 선언에 서명하기를 거부하고 '세리 타이'(자유태국운동)를 결성했다. 일본이 항복하자 쁘리디는 피분의 전쟁 선언이 위법이며 무효라고 선언하고 일본과 피분이 맺었던 모든 협정을 거부했다. 피분은 전범으로 재판 받았으나 무죄를 선고받고 1947년 11월 다시 집권해 쁘리디 체포를 명령한다. 그러자 쁘리디는 싱가포르로 도피했다가 다시 프랑스로 가서 여생을 보냈다(이런 행동은 거의 태국 정치인의 '전형'으로 보인다).

유네스코는 쁘리디 사후인 2000년에 그를 20세기의 위대한 인물 중 하나로 지명했다. 태국의 젊은 세대는 민주주의에 대한 그의 공헌에 고마움을 느끼고 있다.

쁠랙 피분송크람

쁠랙은 태국의 정치체제를 절대왕정에서 입헌군주제로 바꿔놓은 1932년 쿠데타 지도자 중 한 명으로, 1930년대 내내 무솔리니의 파시즘을 지지했다. 그는 1940년 10월부터 1941년 5월까지 이어진 프랑스-태국 전쟁을 거의 개인적 감정으로 시작해 라오스와 캄보디아 일부를 침공했다. 이 전쟁은 1941년 일본에 의해 종결되었으며 이때 라오스와 캄보디아 땅의 상당 부분이 태국에 병합되었다(피분은 1940년에 국호를 시암에서 태국으로 바꿨다). 일본의 항복 이후 전범재판을 받았지만 이후 복권되어 1950년 7월까지 총리를 지냈다.

앳 카라바오

1970년대 군사정권에 반대하는 학생 봉기 중에 형성된 7인조 록밴드의 리더다. '카라바오'는 타갈로그어로 물소를 뜻하는데, 밴드는 물소를 그들이 대변하는 가난한 태국 농부들에 비유했다. 이들의 노랫말은 행동주의적이고 혁명적이며 '거지' '서민' '메이드 인 타일랜드' '민주주의' 등의 선명한 제목이 붙었다. 노랫말에 깔린 반체제적이고 민족주의적인 메시지 때문에 밴드는 사회적 투쟁과 불평등, 민중의 저항을 상징하는 대명사가 되었다.

　카라바오는 국제적으로 유명해서 영국, 독일, 프랑스 등에서도 공연한다. 1996년 밴드가 해체되었지만 상징적인 리드싱어 앳 카라바오를 포함한 일부 멤버는 여전히 노래를 쓰고 부르며 정치적 활동을 계속하고 있다.

'새' 통차이 맥인따이

'새'라는 별명으로 불리는 통차이 맥인따이는 태국이 지금까지 배출한 대중가수 중 가장 사랑받는 한 명이다. 1958년 태국인 어머니와 스코틀랜드 아버지 사이에서 태어났다. 그의 노래는 대부분의 태국인이 공감하는 단순하고 직설적이며 달콤한 노랫말로 유명하다. 30년에 걸친 활동 기간에 수백 개의 히트곡을 냈으며, 여전히 태국 차트 상위권에 머물며 전 국민의 심금을 울리고 있다. 그윽한 외모와 친화력을 겸비해 배우로도 활동하며 많은 영화와 TV 드라마에 출연했다.

찻 꼽찟

태국어로 된 다수의 책을 출판해 많은 상을 받은 소설가다. 그의 작품 중 다섯 편은 영어로도 번역 출판되었다. 《심판 The Judgement》 (1995), 《시간 Time》(2000), 《미친개들 Mad Dogs& Co》(2002), 《출구는 없다 No Way Out》(2003), 《보통 이야기 An Ordinary Story》(2010).

Do »»»

- 당신이 좋아하지 않는 상황을 불평하거나 바꾸려 하지 말고 그냥 피한다.

- 불상은 항상 높은 위치에 두고 경건하게 취급한다. 특별한 상황이나 허가가 있지 않은 한 국외로의 반출은 불법이다.

- 먹거나 마신 '다음에' 계산한다(푸드코트나 서양식 커피숍은 제외). 계산은 초대자가 하며, 분명한 초대자가 없을 경우엔 보통 윗사람이 한다.

- 젓가락은 잘 사용하지 않으며 포크로 숟가락에 음식을 밀어 얹어서 먹는다.

- 일상적으로 누군가 음식을 함께 먹자고 인사를 하면 "이미 먹었다"고 대답하는 게 예의다.

- 가급적 상대의 비위를 맞춰주는 말을 한다.

- 후하게 돈을 쓴다. 그것이 중요한 사람이라는 표시다.

- 선물은 혼자 있을 때 풀어본다.

- 다른 사람을 소개할 때는 사회적으로 아랫사람부터 소개한다.

- 성이 아니라 이름으로 사람을 부른다. 성인의 경우, 직책으로 부르지 않을 때는 '쿤'이라는 호칭을 이름 뒤에 붙인다.

- 사람들 앞을 지나갈 때는 몸을 조금 낮춘다.

- 승려에게는 최대한 공손하게 대해야 한다. 여성이 승려의 몸이나 옷에 손대는 것은 금기다.

- 물건은 오른손으로 건네고, 특별히 정중해야 할 자리에서는 왼손으로 오른팔을 받치며 건넨다.

- 왕족은 극도로 공손하게 대한다.

- 모임에서는 정해진 자리에 앉는다. 보통 윗사람이 앞에, 아랫사람이 뒤에 앉는다.

- 부드럽게 말하고 목소리를 높이지 않는다.

- 미소를 짓는다. 그러면 사람들이 좋아할 것이다. 사소한 불편을 끼친 것을 사과하거나 작은 서비스에 대한 고마움을 표하거나 아이나 가사 도우미의 '와이'에 답할 때도 고맙다는 말 대신 미소를 지으면 된다.

- 화를 참는다.

- 승려와 연장자, 사회적 윗사람에게는 인사와 함께 와이를 한다.

- 승려나 연장자보다 조금 뒤에서 걷는다.

- 의식이 진행될 때는 승려들 다음에 먹는다.

Don't »»»

- 발로 누군가를 가리키지 않는다. 사람이나 음식 위로 넘어 다니지 않는다.

- 발을 앞으로 내밀거나 책상에 올리는 것을 피한다.

- 손가락으로 사람을 가리키지 않는다. 물건이나 동물을 가리키는 것은 괜찮다.

- 남의 머리나 머리카락에 손대지 않는다. 실수로 손댄 경우 사과한다.

- 승려가 있는 자리에서 다리를 꼬거나 책상다리로 앉지 않는다.

- 장례식이나 유행을 쫓는 10대들의 파티가 아니라면 검은색 옷을 입지 않는다.

- 태국인들 앞에서 밥을 버리지 않는다. 쌀은 이들에게 생명줄처럼 여겨진다.

- 물건을 던지지 않는다. 물건을 던지는 것은 예의 없는 행동으로 여겨진다.

- 가사도우미나 인부들, 아이에게는 와이를 하지 않는다. 와이는 아랫사람이 먼저 하며, 와이를 받으면 더 작은 와이로 답한다.

- 빨래를 해주는 사람이 남성일 경우, 그 남성이 여성 속옷은 세탁하기를 거부해도 놀라지 말라.

태국으로 국제전화 거는 법

태국으로 국제전화를 걸려면 국제전화 서비스 번호(예를 들어 001) + 66(국가번호) + 지역번호 + 전화번호 순으로 눌러야 한다. 방콕을 예로 들면 '66(02) + 번호'의 식으로 표기하고 자국내에서는 0을 빼고 2만 붙인다.

응급전화

191을 누른다. 당신에게 경찰이 필요한지, 구급차가 필요한지, 소방차가 필요한지를 정확히 알린 뒤 전화번호와 주소를 남긴다. 화재에는 199도 이용할 수 있다. 영어 서비스가 제한적이거나 아예 없기 때문에 가능하면 태국인에게 통화를 부탁하는 게 좋다.

유사시를 대비해 '도와주세요!'(추어이 두어이)와 주소, 전화번호 정도는 태국어로 말하는 법을 알아두도록 하라. 평소 가까운 병원을 방문해 응급 절차를 미리 살펴보고 앰뷸런스를 부를 수 있는 응급전화 번호를 적어두는 것도 좋다.

병원

태국에는 현재 1000여 곳의 국공립 병원과 316곳의 개인 병원이 있다. 태국, 특히 방콕은 합리적 가격에 양질의 의료 서비스를 광범위하게 제공하기 때문에 주변 국가에서도 응급 후송이 많은 편이다.

태국 적십자는 모든 병원에 등급을 매기고 있다. 이 정보를 전국의 적십자 사무실에서 구할 수 있는데, 현재로는 방콕에 있는 밤룽랏병원이 최상위이며 각 군이나 시마다 24시간 응급 서비스를 제공하는 국공립 병원이 있다. 등산을 하고 있지 않은 한 어디서나 차로 1시간 이내에 괜찮은 병원에 도착할 수 있을 것이다.

신용카드 분실

비자카드는 1-303-967-1096으로 전화 걸어 카드를 취소하고 새 카드를 신청한다(보통 72시간 내 배달됨). 분실에 대비해 평소 카드번호를 적어두도록 한다.

공공서비스

- 태국 전력생산국(EGAT): 24360000으로 전화하면 지역번호를 알려준다.
- 태국 수도권상수도사업청: 전화 1125

국제학교 목록

방콕

- American School of Bangkok
- Bangkok International Prep.
- Bangkok Patana School
- British School Bangkok
- Bromsgrove International School Thailand
- Bumblebee International Pre-School
- Charter International School
- Concordian Int'l School
- Harrow Int'l School
- Harrow Kindergarten
- (Ekamai Early Years Centre)
- IPC International Kindergarten
- IPC Nursery Branch
- International School, Bangkok
- KIS International School
- Nantawan Trilingual School
- New International School
- RC International School and Ruam Rudee Learning Centre
- Ruamrudee International School
- St. Andrew's School
- St. Andrews School, Bangna campus
- St. Andrews International School, Sathorn Campus
- St. George's International School
- St John's International School
- St Stephen's International School
- Traill International School
- Windsor International School

치앙마이

- American Pacific International School
- Prem Tinsulanonda ; Lanna International School

치앙라이

- AMEC Anuban Muang Chiang Rai school

촌부리

- The Regent's School

끄라비
- Ao Nang Montessori School

논타부리
- Magic Years Preschool
- St. Andrews International School, Samakee Campus

푸껫
- Dulwich International College

라용
- St Andrews International School Rayong

태국의 대학

대부분의 대학은 태국어로 수업을 진행하지만 태국어를 몰라도 몇몇 대학에서는 특정 강좌를 듣는 것이 가능하다. 대학원 논문 과정은 영어로 이수할 수 있다. 태국 대학교에 대한 정보는 다음과 같은 웹사이트에서 구할 수 있다.

- Ministry of University Affairs
  http://www.inter.mua.go.th
- Asian University of Science and Technology
  http://www.asianust.ac.th
- Assumption University
  http://www.au.ac.th
- Bangkok University International College
  http://www.bu.ac.th
- Chulalongkorn University
  http://www.chula.ac.th
- Kasetsart University
  http://www.ku.ac.th
- Khon Kaen University
  http://www.kku.ac.th
- King Mongkut Institute of Technology
  http://www.kmitnb.ac.th
- Mahidol University International College
  http://www.mahidol.ac.th
- Prince of Songkhla University
  http://www.psu.ac.th
- Ramkhamhaeng University
  http://www.ru.ac.th

- Stamford International College
  http://www.stamford.edu
- St. John's College
  http://www.stjohn.ac.th
- Thammasat University
  http://www.tu.ac.th
- Webster University
  http://www.webster.edu

도서관

방콕에는 비디오와 음악 대여, 복사 시설, 때로는 인터넷 접속과 식당이나 매점을 이용할 수 있는 몇몇 훌륭한 도서관이 있다. 가장 유명한 도서관을 아래에 나열해놓았다.

- Alliance Francaise
  29 Sathorn Tai. Tel: 2213–2122–3
- British Council
  254 Phayathai soi 64, Siam Square
  Tel: 2252–6136–8/252–6111/252–6830–9
- AUA (American University Alumni)
  179 Rajdamri. Tel: 2251–1607
- Japanese Cultural Centre
  Resource Guide 395 10th Floor, Sermmit Tower, 159 soi 21 (soi Asoke)
  Sukhumvit. Tel: 2260–8560 ~ 4
- The Neilson Hays Library
  195 Surawong Road. Tel: 2233–1731
  Website: http://www.neilsonhayslibrary.com.
- Siam Society
  131 Sukhumvit soi 21 (soi Asoke)
  Tel: 2259–4999/260–2830–2
  Email: siams@telecom.scb.co.th
  Website: http://www.siam–society.org.

태국어 어학원

- AUA 어학원
  179 Ratchadamri Road. Tel: 2252–8170
- 쭐랄롱꼰대학교
  Tel: 2218–4888 Email: tkongkar@chula.ac.th.
  Intensive Thai Office, Faculty of Arts

- Nisa Thai Language School
  YMCA Collins House, 27 Sathorn Tai. Tel: 2286-9323
- Siri Pattana Thai Language School
  YWCA 13 Sathon Tai. Tel: 2286-1936
- Union Language School
  Christ Church Building, 109 Surawong. Tel: 2252-8170

외국인 클럽

방콕에는 거의 모든 국적자를 위한 클럽이 존재하며, 특정 직업에 종사하는 외국인들을 위한 클럽도 있다. 일부 대형 호텔에도 클럽이 있거나 클럽과 비슷한 서비스를 제공한다. 대사관에서 공식적인 클럽에 대한 세부 정보를 제공할 것이다.

예배 장소

불교

모든 시내와 거의 모든 마을에 불교 사원(왓)이 있다. 신자가 아닌 사람도 사원에 방문해 어떤 활동에든 참여할 수 있다. 많은 중국계 태국인이 중국 사원과 태국 사원을 가리지 않고 다니지만, 중국 불교는 태국 불교와 다르다. 대부분 시내와 특히 방콕의 차이나타운에 중국 사원이 있다.

기독교

가톨릭교회를 포함해 대부분의 기독교 교파가 방콕과 치앙마이에 있다. 영자신문에 예배 정보가 제공된다. 방콕 내에서 영어, 불어, 독일어, 스웨덴어 등으로 예배를 진행하는 곳을 찾을 수 있을 것이다. 태국인 가운데 기독교도는 1.2%에 불과한데도 큰 시내마다 교회가 적어도 하나씩은 있다는 사실이 놀랍게 느껴진다.

이슬람교

방콕과 치앙마이, 그 외 도시들에서 이슬람교 공동체는 태국 문화에 잘 융합되어 있다. 이슬람사원의 위치는 대사관에 문의하거나 인터넷에서 검색해 찾을 수 있다.

세계를 읽다

태국

초판 1쇄 발행 2022년 5월 16일

지은이 로버트 쿠퍼
옮긴이 정해영
펴낸이 박희선
디자인 디자인 잔
사진 Shutterstock

발행처 도서출판 가지
등록번호 제25100-2013-000094호
주소 서울 서대문구 거북골로 154, 103-1001
전화 070-8959-1513
팩스 070-4332-1513
전자우편 kindsbook@naver.com

ISBN 979-11-86440-87-2 (04900)
       979-11-952016-5-5 (세트)